Kochts mit uns!

100 wunderbar einfache Rezepte

ANNI
ANITA

Küchenhexe und Küchenschelle

Kochts mit uns!

100 wunderbar einfache Rezepte

Anni & Anita kochen gemeinsam

Tyrolia-Verlag · Innsbruck-Wien

Inhalt

Ich bin die Anita und lebe im schönen Ort Kitzbühel in Tirol. Mit Hilfe meiner riesigen Sammlung an Kochbüchern habe ich mir im Laufe der Zeit die verschiedensten Gerichte selbst beigebracht. Schon viel früher hatte meine Oma die Leidenschaft fürs Kochen und Backen in mir entfacht. Sie konnte aus den wenigen Sachen, die in den 50er-Jahren verfügbar waren, sehr schmackhafte Speisen zaubern und hat mir viele nützliche Kniffe und Tricks beigebracht, die mir bis heute die Arbeit in der Küche sehr erleichtern und das Gelingen garantieren. Leider ist sie viel zu früh verstorben.

Mein Sohn hat mich überzeugt, mein Glück zu versuchen und meine Kochkünste im Internet der ganzen Welt vorzustellen. Daher habe ich mich 2015 entschlossen, meinen YouTube-Kanal „Küchenschelle" zu gründen. Dieser ist mittlerweile sehr erfolgreich und wird von Millionen Menschen jeden Alters in vielen Ländern regelmäßig besucht.

Trotz dieses Erfolges blieb es doch immer mein Traum, ein eigenes Kochbuch zu schreiben. Mit diesem Buch, das Sie nun in Ihren Händen halten, wird dieser Traum endlich wahr. Meine ebenso kochbegeisterte Freundin Anni und ich haben dafür viele unserer Lieblingsrezepte zusammengetragen, die uns selbst, unseren Freunden und der Familie im Alltag und zu besonderen Anlässen Freude bereiten.

Die Vor-, Haupt- und Nachspeisen in unserem Buch spiegeln die Vielfalt der traditionellen, heimischen und internationalen Küche wider, haben jedoch alle eines gemeinsam: „schnell, einfach, gut".

Daneben ist es mir auch ein großes Anliegen, Basiswissen weiterzugeben, das in den verschiedensten Speisen Verwendung finden kann.

Ich hoffe, dass Sie mit Hilfe dieses Buches kochen, backen und genießen werden. Vielleicht wird es sogar Teil Ihres Alltags in der Küche. Von ganzem Herzen wünsche ich allen gutes Gelingen.

Anita Brunner
Küchenschelle

Mein Name ist Anni Oberlechner, ich komme aus dem wunderschönen Land Tirol.

Zu mir gehören mein lieber Mann Günther, mein Sohn Niki, meine Schwiegertochter Betty und – nicht zu vergessen – meine zwei Lieblinge Lukas und David, meine wunderbaren Enkelkinder.

Da ich meine Kindheit auf einem Bergbauernhof mit Gastwirtschaft verbracht habe, wurde mir die Wertschätzung von Tieren und Lebensmitteln von klein auf mitgegeben.

Als gelernte Köchin war ich viele Jahre in der Gastronomie tätig und habe meine Leidenschaft fürs Kochen und Backen nie verloren. Ich koche traditionelle Gerichte genauso gerne wie internationale und moderne Küche und bin dabei ständig auf der Suche nach neuen Rezepten.

Regionalität und Saisonalität sind mir sehr wichtig. Ich mag es einfach, aus wenigen Zutaten und mit etwas Kreativität ein wunderbares Gericht auf den Tisch zu zaubern. Auch das Grillen ist schon seit vielen Jahren eine große Leidenschaft von mir.

Aus Langeweile im Lockdown hat mich mein lieber Mann Günther (begeisterter Hobbyfilmer und -fotograf) überredet, zusammen einen YouTube-Kanal zu erstellen, um mit vielen Menschen meine Kochbegeisterung zu teilen und sie evtl. zum Selberkochen und -backen anzuregen. Die meisten Rezepte sind tausendfach erprobt (Gastronomie) und gelingen dir ganz sicher!

Als mich meine Freundin Anita, die Küchenschelle, fragte, ob wir zusammen ein Kochbuch schreiben, war ich sofort hellauf begeistert von dieser Idee. Um unseren lieben Lesern das Kochen und Backen zu erleichtern, haben wir viele Rezepte mit einem QR-Code versehen, der euch direkt und schnell zum Video bringt.

Vielleicht können wir mit diesem Buch unsere Koch- und Backleidenschaft an euch weitergeben. Also viel Spaß und viel Erfolg beim Nachkochen und -backen.

Anni Oberlechner

Küchenhexe

Die verwendeten Abkürzungen

EL	Esslöffel
TL	Teelöffel
KL	Kaffeelöffel
g	Gramm
mg	Milligramm
Pkg.	Packung
BL	Blatt
Sch.	Scheiben
ca.	ungefähr
HL	Heißluft, Umluft
O + U	Oberhitze und Unterhitze
evtl.	eventuell
Msp.	Messerspitze
Pr.	Prise
Stk.	Stück
Stg.	Stange
Tas.	Tasse
Bch.	Becher
Spr.	Spritzer
Sch.	Scheibe
Tr.	Tropfen
Wf.	Würfel
o. a.	oder anderer
o. ä.	oder ähnlich

Vor speisen

Bruschetta
mit Avocadocreme und Petersilienpesto

Köstlich erfrischender Vorspeisengenuss

Zutaten für 8 Brote

1 Avocado
2 Knoblauchzehen
½ Zitrone (Saft und Schale)
½ TL Salz
etwas Pfeffer aus der Mühle
300 g rote und gelbe Cocktailtomaten
1 kleine rote Zwiebel
100 g kleinwürfelig geschnittener Fetakäse
1–2 EL Olivenöl
8 Scheiben Baguette

PESTO
1 kleiner Bund frische Petersilie
50 ml Sonnenblumenöl
50 g Haselnüsse gehackt und leicht geröstet
50 g Parmesan gerieben
50 ml Olivenöl

Zuerst das Pesto zubereiten. Dafür die Stiele der Petersilie entfernen und die Blätter in ein hohes Gefäß geben, um sie zusammen mit dem Sonnenblumenöl mit dem Pürierstab zu mixen. Die restlichen Zutaten dazugeben und nur mit einem Löffel einrühren damit das Pesto noch etwas Struktur behält.

Für die Avocadocreme das Fruchtfleisch der Avocado in eine Schüssel geben, den Knoblauch dazureiben, mit Zitronensaft, Salz und Pfeffer würzen und nur kurz mit dem Mixstab pürieren.

Die Tomaten klein würfeln, die rote Zwiebel ebenfalls würfelig schneiden und in einer Schüssel mit dem Olivenöl, Salz und Pfeffer und Zitronenzesten gut mischen.

Die Baguettescheiben in einer Pfanne mit etwas Olivenöl leicht anrösten, die Avocadocreme mit einem Löffel daraufgeben und mit der Tomatenmischung und dem Fetakäse üppig belegen. Mit dem Pesto nach Belieben beträufeln und sofort genießen!

MEIN TIPP

Restliches Pesto im Kühlschrank gut verschlossen aufbewahren und bei nächster Gelegenheit in eine Salatmarinade mischen, das schmeckt hervorragend!

Traditioneller Bauernsalat

Ein sommerlicher Genuss

Zutaten für 4 Personen

- verschiedene Blattsalate
- **4** kleine, gekochte Kartoffeln
- **2** große Scheiben Schwarzbrot
- **200 g** Bauchspeck
- Salz, Pfeffer, Kümmel gemahlen, Thymian
- **2** hartgekochte Eier
- Radieschen
- Frühlingszwiebeln
- **etwas** Butter und Öl zum Braten

SALATDRESSING
→ Vorratskammer

Die gekochten, ausgekühlten Kartoffeln schälen, in Scheiben schneiden und in einer beschichteten Pfanne mit Öl schön kross anbraten. Mit Salz, Pfeffer und Kümmel würzen.

Das Brot entrinden, in gleichmäßige Würfel schneiden und ebenfalls in einer beschichteten Pfanne mit Butter rundum anrösten. Mit Salz, Pfeffer und Thymian würzen. Den Speck in beliebige, nicht zu dicke Stücke schneiden und diese auch gut anbraten.

Die hartgekochten Eier vierteln, Radieschen und Frühlingszwiebel ebenfalls nach Belieben klein schneiden.

Die Blattsalate waschen und nach Belieben vorbereiten, mit dem Dressing gut verrühren und mit den noch warmen angebratenen Zutaten auf einem Teller oder in einer Schüssel anrichten.

Jetzt YouTube-Video anschauen!

Selleriesalat

Schnell und gschmackig!

Zutaten für 2 Personen

1–2	Puten- oder Hühnerschnitzel
1	kleine Dose Ananasstücke
1	großes Glas Sellerie in Streifen
2 EL	Sauerrahm
1½ KL	Currypulver
3–4 EL	Mayonnaise
	Salz, Pfeffer

Das Fleisch in kleine Würfel schneiden und anbraten.

Die gesamten Zutaten zusammen mit dem Fleisch in einer Schüssel gut durchmischen und anrichten.

MEIN TIPP Selbstgemachte Mayonnaise schmeckt am besten!

Jetzt YouTube-Video anschauen!

Caesar-Salat mit geräucherter Hühnerbrust

Ein weltbekannter Klassiker

Zutaten für eine Schüssel mittlerer Größe

DRESSING

100 g	Mayonnaise
60 g	Sauerrahm
5 Stk.	Sardellenfilets
1 EL	Senf
1 TL	Knoblauch
1	Limette
35 ml	Weißweinessig
2	Dotter
70 ml	Olivenöl
	Salz, Pfeffer nach Belieben
3 EL	geriebener Parmesan

HÜHNERBRUST

2	Hühnerbrüste
	Hendlgewürz nach Wahl
	Räuchermehl

SALAT

1	Eisbergsalat
	Petersilie
1	Salatgurke
200 g	Cherrytomaten
1 Bund	Radieschen
3 Stk.	Frühlingszwiebeln
	Kapern, Kresse

Alle Zutaten für das Dressing in ein höheres Gefäß geben und mit dem Pürierstab gut mixen. Die vorbereiteten Hühnerbrüste leicht einritzen, mit Hendlgewürz nach Belieben würzen und rundherum kurz anbraten.

Den Boden einer Alu-Grilltasse mit Räuchermehl bedecken, ein passendes Gitter darauflegen und die Grilltasse auf die heiße Herdplatte geben, bis das Mehl zu rauchen beginnt.

Die Hühnerbrüste auf das Gitter legen, mit Alufolie zudecken und im vorgeheizten Backrohr bei 180 °C ca. 10 Minuten fertig garen (räuchern).

Den Eisbergsalat waschen, in mundgerechte Stücke teilen und mit dem Dressing gut vermischen.

Salatgurke schälen, in beliebige Stücke schneiden und zusammen mit den Tomaten, Radieschen, Zwiebelchen, den Kapern und der Kresse auf einem Teller anrichten.

Die fertig geräucherten Hühnerbrüste in Scheiben schneiden und lauwarm auf den Salat geben.

MEIN TIPP

Anstatt Alu-Grilltassen kann man auch einen Topf mit gut schließendem Deckel verwenden.

Jetzt YouTube-Video anschauen!

Coleslaw

Ein knackig-cremiger Krautsalat

Zutaten für 4 Personen

½	Krautkopf (Weißkraut)
1	Apfel
1	Karotte
3 Stk.	Frühlingszwiebeln
1 TL	Salz
	Pfeffer aus der Mühle
1 EL	Honig
1 EL	Crème fraîche
1 EL	Mayonnaise
80 ml	Öl
80 ml	Apfelessig
	frische Petersilie nach Belieben

Das Kraut in feine Streifen schneiden, den Apfel in kleine Stifte. Die Karotte schälen und grob raspeln. Die Frühlingszwiebeln in Ringe schneiden.

Alle Zutaten in eine große Schüssel geben und gut durchrühren. Für eine halbe Stunde ziehen lassen, dann evtl. nochmal abschmecken.

MEIN TIPP

Dieser Salat ist ein MUSS auf jeder Grillparty!

Jetzt YouTube-Video anschauen!

Couscous-Salat

Gehört zu jedem Grillfest

Zutaten für eine Schüssel mittlerer Größe

250 g	Couscous
350 ml	heißes Wasser
	Salz, Pfeffer, Kreuzkümmel
1	Gurke
1	Tomate
1	Avocado
1	Zwiebel
1	Paprika
etwas	Petersilie
	Schafskäse (Feta) nach Belieben
etwas	Zitronensaft
	Olivenöl
	Datteln nach Belieben
	geröstete Mandelstifte

Couscous mit heißem Wasser übergießen und ca. 10 Minuten quellen lassen.

Das ganze Gemüse sowie den Schafskäse und die Datteln klein schneiden und zusammen mit allen übrigen Zutaten mit dem Couscous mischen.

MEIN TIPP

Granatapfelkerne hinzugeben. Das bereichert den Geschmack und die Optik.

Jetzt YouTube-Video anschauen!

Glasnudelsalat mit Shrimps

Als Vorspeise sehr beliebt

Zutaten für 4 Personen

2 Pkg.	Glasnudeln
2	mittelgroße Karotten
½ Stange	Lauch
1 Pkg.	Zuckerschoten
1	rote Paprika
1	gelbe Paprika
200 g	Shrimps
60 ml	Sesamöl
40 ml	Sojasauce
40 ml	Reisessig
½	Limette (Zesten und Saft)
2 cm	Ingwer
	Petersilie
1 TL	Knoblauch
1 TL	Öl
	Salz
	gerösteter Sesam

Die Karotten schälen, in dünne Scheiben schneiden und diese anschließend zu Streifen (Julienne). Lauch, Zuckerschoten und Paprika ebenfalls in feine Streifen schneiden.

Wasser in einem großen Topf zum Kochen bringen. Das Gemüse, außer der Paprika, kurz 2 bis 3 Minuten blanchieren, sofort kalt abschwemmen und in eine große Schüssel geben.

Die Glasnudeln für 5 Minuten in sehr heißem Wasser einweichen, abgießen und abtropfen lassen. Jetzt die Shrimps ebenfalls kurz blanchieren (2 Minuten).

Ingwer und Knoblauch in ganz feine Würfel schneiden. Nun alle Zutaten gut miteinander vermengen, nach Belieben salzen. Zum Abschluss mit dem Sesam bestreuen.

MEIN TIPP

Eine Handvoll Glasnudeln roh in heißem Fett frittieren (Vorsicht, das geht sehr schnell) und als knusprige Deko auf den Salat geben!

Jetzt YouTube-Video anschauen!

Frühlingsrollen

Weltweit beliebt und leicht selbst gemacht!

Zutaten für 12 Rollen

- **¼** vom Weißkrautkopf
- **2–3** Karotten
- **¼ Stg.** Lauch (Porree)
- **1** rote Paprika
- **1 Pkg.** (250 g) Zuckerschoten
- **1 Pkg.** Sprossen (Mungobohnensprossen)
- **100 g** Glasnudeln
- **2–3 EL** Sesamöl
- **1 EL** gehackte frische Petersilie
- Sojasauce, evtl. eine Prise Salz und Chili
- **12** Frühlingsrollenteigblätter

Das ganze Gemüse in feine Streifen schneiden. Die Glasnudeln in kochendes Wasser geben, den Topf vom Herd nehmen, die Nudeln ca. 5 Minuten ziehen lassen und anschließend kalt abschrecken.

In einer Pfanne etwas Sesamöl erhitzen und das Gemüse darin kurz anschwitzen, mit Petersilie, Sojasauce, Salz und Chili würzen.

Die Teigblätter immer sofort nach dem Auspacken mit einem feuchten Tuch gut abdecken. Das leicht überkühlte Gemüse in eine Ecke des Teiges legen, kurz einrollen, die seitlichen Ecken einklappen, den Rand leicht mit Wasser bestreichen und fertig rollen. Die Rollen in ca. 170 °C heißem Fett goldbraun herausbacken.

MEIN TIPP

Dazu passt hervorragend die selbstgemachte süß-saure Chilisauce laut Videoanleitung (siehe QR-Code) oder Rezept (→ Vorratskammer). Gutes Gelingen!

Jetzt YouTube-Video anschauen!

Sülze

Unser Sommer
am Balkon nie ohne!

Zutaten für eine
25-cm-Kastenform

1 l	selbstgemachte Suppe oder Wasser mit Suppenpulver (→ Basics)
10–12 g	Agar Agar
	Salz
2	hartgekochte Eier
	Extrawurst
	Kidneybohnen
	Erbsen
	Käse (sollte nicht zu weich sein)

Suppe aufkochen, Agar Agar einrühren und etwas salzen. Ungefähr eine Minute kochen lassen.

Eine Form mit Frischhaltefolie auslegen (nach dem Erkalten lässt sich die Sülze leicht stürzen).

Etwas dieser Flüssigkeit in das vorbereitete Gefäß geben. Die Eier halbieren und in die Form legen.

Extrawurst, Kidneybohnen, Erbsen und Käse hinzugeben. Darauf achten, dass alles mit Flüssigkeit bedeckt ist.

Die restliche Suppe eingießen und für einige Stunden in den Kühlschrank stellen.

MEIN TIPP

Mit frischen Zwiebeln, Essig und Öl servieren.
Ein leichter, sommerlicher Genuss!

Jetzt YouTube-
Video anschauen!

Spinat-Lachs-Roulade

Geschmackserlebnis und Augenschmaus gleichermaßen

Zutaten für eine Roulade

2 kleine Eier
175 g pürierter Spinat
Salz, Pfeffer
200 g Doppelrahm-frischkäse
Dill nach Belieben
200 g geräucherter Lachs

Eier trennen und anschließend Spinat, Dotter, Salz und Pfeffer verrühren. Das Eiweiß steif schlagen und unter die Spinat-Eier-Masse heben.

Nun den Teig auf ein mit Backpapier belegtes Blech streichen und bei 200 °C HL ca. 15 Minuten backen. Danach auf ein Backpapier stürzen und auskühlen lassen.

Nun Frischkäse auf die fertig gebackene Roulade streichen und mit Dill, Salz und Pfeffer würzen. Lachs darauf verteilen und die Roulade einrollen.

Mit Frischhaltefolie umwickeln und für 1 bis 2 Stunden im Kühlschrank kühlen.

Zum Servieren die Roulade in ca. 3 cm dicke Scheiben schneiden und diese dann auf einem Salatbett anrichten.

Jetzt YouTube-Video anschauen!

Polenta-Spinat-Türmchen
mit Champignons

Eine elegante Vorspeise

Zutaten für 4 Personen

POLENTA
250 ml Milch
250 ml Wasser
Salz, Gemüsesuppenwürze
1 EL Butter
100 g Polentagrieß
2 EL Parmesan, gerieben

BLATTSPINAT
400 g Blattspinat, tiefgefroren
1 Knoblauchzehe
2 Stk. Frühlingszwiebel
1 EL Butter
Salz, Muskatnuss
1 EL Crème fraîche

CHAMPIGNONS
300 g Champignons
Salz, Pfeffer, frische Petersilie
etwas Öl

CREME
2 EL Crème fraîche
Salz, grober Pfeffer
1 EL Sahne

Für die Polenta Milch, Wasser, Salz, Gemüsewürze und die Butter einmal aufkochen, den Polentagrieß langsam einrieseln lassen und dabei immer gut rühren. Ca. 5 Minuten leicht köcheln lassen, bis es eingedickt ist (Vorsicht, Polenta brennt leicht an!).

Den geriebenen Parmesan unterheben und das Ganze auf ein mit Backpapier ausgelegtes Backblech geben und ca. 2 cm dick verstreichen. Beiseitestellen und auskühlen lassen.

Nun den Blattspinat auftauen, gut ausdrücken und etwas durchhacken. Die Knoblauchzehe kleinwürfelig schneiden, die Frühlingszwiebeln in feine Ringe schneiden.

In einer Pfanne Butter schmelzen und den Knoblauch und die Zwiebelchen darin glasig (an)dünsten/-braten lassen. Den Spinat dazugeben, erhitzen und mit Salz, Muskatnuss sowie Crème fraîche verfeinern.

Jetzt die Champignons nur ganz kurz waschen und sofort wieder trocknen, den Stiel entfernen und die Pilzköpfe in Sechstel schneiden. Öl in einer Pfanne erhitzen und die Champignons darin stark braten, mit Salz, Pfeffer und frischer Petersilie würzen. Für die Creme alle Zutaten gut verrühren!

Die ausgekühlte Polenta mit einem Dessertring ausstechen (ergibt 4 Scheiben) und in etwas Butter goldbraun braten. Nun aus den vorbereiteten Komponenten ein Türmchen bauen und mit der Creme garnieren, evtl. mit Parmesan bestreuen.

MEIN TIPP

Diese Vorspeise lässt sich wunderbar für eine Einladung vorbereiten. Dazu das fertige Türmchen vor dem Servieren einfach im Backrohr wieder erwärmen (10 Minuten bei 120 °C).

Rote-Rüben-Carpaccio
mit Ziegenfrischkäse und Walnüssen

Ein Gaumenschmaus im Sommer

Zutaten (Menge variierbar)

	Rote Rüben
	Walnüsse
	Salz, Pfeffer
etwas	Essig
	Olivenöl
	Kren (Meerrettich), frisch gerissen
	Ziegenfrischkäse
etwas	Honig
	verschiedene Sprossen

Zuerst die Roten Rüben ca. 1 Stunde kochen. Anschließend die Walnüsse ohne Öl in der Pfanne rösten.

Die gekochten Roten Rüben in dünne Scheiben schneiden und auf einem Teller auflegen. Nun salzen und pfeffern. Etwas Kren (Meerrettich) auf den Roten Rüben verteilen. Essig und Olivenöl dazugeben.

Ziegenfrischkäse in Scheiben schneiden und auf das Carpaccio legen. Etwas Honig darüberträufeln und wenn vorhanden mit einem kleinen Bunsenbrenner abflämmen.

Zum Schluss die gerösteten Walnüsse und die Sprossen schön auf dem Salat verteilen.

MEIN TIPP

Selbstgekochte Rote Rüben werden im Dampfgarer besonders schmackhaft und den Saft kann man zum Färben von Nudeln verwenden.

Jetzt YouTube-Video anschauen!

Spektakuläre Partytorte

Torte mal ganz anders, ein Hit auf jedem Fest!

Zutaten für eine 28-cm-Form (oder zwei 20-cm-Formen)

BROTBODEN

400 g Mehl
1 Pkg. Trockenhefe
3 EL Sauerrahm
1 TL Salz (gestrichen)
50 g geriebener Käse
50 g weiche Butter
250 ml lauwarme Milch

BASISCREME

400 g Doppelrahm-frischkäse
400 g Topfen (Quark)
100 g weiche Butter
Salz, Pfeffer

EINLAGE UND GARNITUR

100 g saftiger, gschmackiger Schinken
100 g Brokkoli (kurz vorgekocht)
etwas Petersilie
1 EL Tomatenmark
Cayennepfeffer, Paprikapulver, Kräuter, Zitronenzesten und Kren (Meerrettich)
50 g Salami
Paprika, Radieschen, Salatgurke, Kirschtomaten, grüner Salat, geriebener Käse, Oliven
evtl. hartgekochte Eier

Für den Brotboden alle Zutaten bis auf die Milch in den Rührkessel geben und mit dem Knethaken einmal durchrühren. Nun die lauwarme Milch nach und nach dazugeben und so lange rühren, bis der Teig blasen wirft. Er sollte unbedingt eher weich sein!

Die Schüssel mit einem Geschirrtuch gut zudecken und an einem warmen Plätzchen ca. 30 bis 40 Minuten gehen lassen. Anschließend den Teig nochmal gut durchrühren, in eine ausgebutterte Springform mit 18 cm Durchmesser geben und wieder 15 Minuten gehen lassen.

In der Zwischenzeit das Backrohr auf 180 °C O + U vorheizen, dann die Form in die Mitte des Rohres geben und den Teig ca. 35 bis 40 Minuten backen. Das Brot gut auskühlen lassen (am besten am Vortag schon backen).

Für die Basiscreme alle Zutaten gut in der Küchenmaschine oder mit dem Handmixer verrühren und die Masse auf 4 Schüsseln aufteilen.

- ¼ (also eine Schüssel) der Basiscreme zum Einstreichen der Torte beiseitestellen.
- ¼ der Basiscreme mit 100 g klein-würfelig geschnittenem, gschmackigem Schinken (z. B.: Kitzbüheler Rauchsaftschinken), 100 g klein geschnittenem Brokkoli und etwas frisch gehackter Petersilie verrühren.
- ¼ der Basiscreme mit 1 EL Tomatenmark, Cayennepfeffer und Paprikapulver verrühren.
- ¼ der Basiscreme mit frischen Kräutern (Petersilie, Schnittlauch, Basilikum, Bohnenkraut), Kren und Zitronenzesten verrühren.

Das Brot dreimal durchschneiden und die Cremen darauf gleichmäßig verteilen. Dazwischen mit Salatblättern, Gurkenscheiben, Paprika und Cheddar-Käse belegen. Die Torte mit der Basiscreme rundherum und oben gut einstreichen und nach Herzenslust garnieren.

MEIN TIPP

Diesen Brotboden kann man auch wunderbar in einer Kastenform backen und als Grillbeilage genießen!

Jetzt YouTube-Video anschauen!

Suppen

Servus Tirol

Tiroler Breznsuppe

Eine echte Tiroler Spezialität!

Zutaten für 4 Personen

- **4** Brezen (Laugenbrezen oder weiße Suppenbrezen)
- **300 g** Käse (je ⅓ Bergkäse, Graukäse und Jausenkäse oder Räßkäse)
- frische Petersilie
- **1** große Zwiebel
- **1 EL** Butterschmalz
- **etwas** Butter
- Pfeffer aus der Mühle
- **~ 500 ml** Rindssuppe, Gemüsesuppe oder Wasser mit einem Suppenwürfel
- frischer Schnittlauch

Die Brezen sollten mindestens 1 Tag alt sein, sodass sie schon etwas trocken sind. Nun diese in gleichmäßige Stücke von ca. 1 bis 2 cm Länge zerteilen, den Käse in kleine Würfel schneiden, Petersilie hacken, die Zwiebel halbieren, in feine Streifen schneiden und in Butterschmalz leicht anrösten.

Entweder eine große oder 4 kleine Auflaufformen ausbuttern und die Brezenstücke abwechselnd mit den Käsewürfeln und der Petersilie hineinschlichten.

Die Suppe erhitzen und nur so viel über das Brezen-Käse-Gemisch gießen, dass die Flüssigkeit gut aufgesaugt ist. Die gerösteten Zwiebeln nun darauf gleichmäßig verteilen.

Die Auflaufformen in die Mitte des vorgeheizten Backrohrs geben und mindestens 15 Minuten bei 220 °C O + U überbacken. Mit viel Schnittlauch bestreuen und genießen!

Jetzt YouTube-Video anschauen!

Küchenhexe

Maiscremesuppe mit Popcorn

Poppig neu interpretiert

Zutaten für 4 Personen

2	kleine Dosen Mais (ca. 800 g)
1	kleine Zwiebel
etwas	Olivenöl
1 Dose	Kokosmilch
~ 750 ml	Gemüsefond oder Wasser mit Gemüsesuppenwürze
	Olivenöl, Salz, Pfeffer, Chilipulver mild
1 TL	Kurkuma
1	Chilischote scharf
2–3 Stg.	Zitronengras
2 EL	Popcornmais
2 EL	Öl
1 TL	Baharat (indische Gewürzmischung)
1 TL	Salz
etwas	scharfes Chilipulver

Den Mais in ein Sieb geben und mit kaltem Wasser abspülen. Die Zwiebel kleinwürfelig schneiden. Das Olivenöl in einem großen Topf erhitzen und die Zwiebeln darin glasig anschwitzen.

Den Mais dazugeben und mit Suppe und Kokosmilch aufgießen. Das Zitronengras leicht anklopfen, die Chilischote leicht andrücken, beides zur Suppe geben und diese ca. 10 Minuten kochen lassen.

In der Zwischenzeit für das Popcorn in einem Topf mit passendem Deckel etwas Öl erhitzen und den Popcornmais zubereiten, anschließend von der Platte nehmen und sofort mit Baharat, Salz und Chili würzen und gut vermengen.

Das Zitronengras und den Chili aus der Suppe nehmen und die Gewürze dazugeben. Mit dem Pürierstab die Suppe gut mixen und dann noch durch ein Sieb leeren, damit die Suppe cremig und sämig fein wird. Mit dem pikanten Popcorn servieren!

Jetzt YouTube-Video anschauen!

Servus

Leberknödelsuppe – ein Klassiker

Mal so, mal so!

Zutaten für 4 Personen

300 g	Knödelbrot
2	Zwiebeln
~ 200 ml	Milch
3	Eier
2	Knoblauchzehen
300 g	faschierte Rinderleber
1–2 TL	Salz
	Pfeffer
1 EL	Kümmel gemahlen
1 EL	Thymian
1 EL	Majoran
½	Zitrone (Zesten)
	frische Petersilie
4 EL	Mehl
1 l	Frittierfett zum Ausbacken
½ l	Rindssuppe
viel	frischer Schnittlauch

Das Knödelbrot in eine große Schüssel geben, die würfelig geschnittenen Zwiebeln in etwas Butter glasig anschwitzen und zum Knödelbrot hinzufügen. In der noch heißen Pfanne die Milch erhitzen und gut in das Knödelbrot einarbeiten, das Ganze 5 Minuten ziehen lassen.

Die Eier mit einer Gabel in die feuchte Masse einarbeiten und mit den Gewürzen abschmecken. Den Knoblauch fein reiben und dazurühren. Die faschierte Leber in die Masse gleichmäßig einrühren und alles mit dem Mehl abbinden.

In einem großen Topf Wasser zum Kochen bringen und gut salzen. Mit feuchten Händen gleichmäßige Knödel formen und ins siedende Wasser geben. Nun 20 bis 25 Minuten leicht köcheln lassen.

Die Hälfte der fertig gekochten Knödel auf ein Küchenpapier geben und etwas antrocknen lassen. Diese nun in heißem Fett (ca. 170 °C) 5 bis 6 Minuten herausbacken und wieder auf ein Küchenpapier legen, um das restliche Fett aufzusaugen. Einen gekochten und einen gebackenen Knödel in Rindssuppe mit Schnittlauch servieren.

MEIN TIPP

Dazu passt ein süß-saurer Rettichsalat.

Jetzt YouTube-Video anschauen!

Kartoffel-cremesuppe mit Käse-Tortilla

Traditionelle Suppe etwas aufgepeppt

Zutaten für 6 Personen

700 g	Kartoffeln, festkochend
1	mittelgroße Zwiebel
2 EL	Butter zum Anrösten der Zwiebeln und des Specks sowie zum Braten der Tortilla-Fladen
~ 1,5 l	Wasser
	Salz nach Bedarf
½ TL	Kümmel, gemahlen
1 TL	Gemüsesuppenpulver oder „Hexenwürze-Gemüse" (→ Basics)
60 ml	Sahne
50 g	Speckwürfel
	Schnittlauch
	Pfeffer aus der Mühle
3	Tortilla-Fladen
150 g	Käse (Graukäse oder würziger Käse)

Die Kartoffeln waschen, schälen und in kleine Würfel schneiden. Die Zwiebel ebenfalls feinwürfelig vorbereiten. In einem Topf etwas Butter zergehen lassen und die Zwiebeln darin glasig andünsten. Die vorbereiteten Kartoffeln dazugeben, kurz umrühren und mit Wasser aufgießen.

Alles kochen, bis die Kartoffeln schön weich sind. Mit dem Pürierstab so lange aufmixen, bis eine glatte, feine Cremesuppe entsteht. Die Suppe nun würzen und mit der Sahne verfeinern.

Die Speckwürfel in einer beschichteten Pfanne in wenig Butter anrösten, anschließend auf ein Küchenpapier geben.

Für die Käsetortillas den Käse reiben, die halben Fladen damit belegen und dann zusammenklappen. Eine beschichtete Pfanne aufstellen, etwas Butter darin zergehen lassen und die Tortillas darin auf beiden Seiten goldbraun braten.

Die Suppe mit den Speckwürfeln bestreuen, aus den Tortillas kleine Eckerln schneiden und zur Suppe servieren! Guten Appetit!

MEIN TIPP

Diese Käsetortillas passen auch sehr gut zu Salatvorspeisen!

Jetzt YouTube-Video anschauen!

Küche

Grießnockerl-suppe

Lieblingsspeise von meinem Enkel David

Zutaten für 12 Nockerl oder 4–6 Personen

1	Ei
1 Eischwer	Butter
2 Eischwer	Weizengrieß
½ TL	Salz
1 Prise	Muskat

Zuerst das Ei abwiegen, damit man das genaue Maß hat! Wenn das Ei z. B. 60 g wiegt, dann nimmt man 60 g Butter und 120 g Weizengrieß! Nun die weiche Butter mit einem Handmixer leicht aufschlagen, das Ei dazugeben und nur kurz mixen.

Salz und Muskat dazugeben, den Grieß dazurühren und die Masse ca. 10 Minuten in den Kühlschrank stellen. In der Zwischenzeit einen Topf mit Wasser aufstellen, gut salzen und zum Kochen bringen.

Mit einem feuchten kleinen Löffel ein Nockerl aus der Grießmasse stechen und in der Handfläche nochmals fest andrücken und für 10 Minuten im leicht wallenden Wasser kochen.

Nach dieser Zeit den Topf von der Herdplatte nehmen, ein klein wenig kaltes Wasser hineingeben, Deckel darauf und weitere 10 Minuten ziehen lassen. Die Nockerln sind nun doppelt so groß geworden und fertig! Am besten in einer Rinds- oder Gemüse-suppe servieren!

MEIN TIPP

Grießnockerln brauchen beim Kochen viel Platz, also einen großen Topf nehmen!

Jetzt YouTube-Video anschauen!

Hauptspeisen

Auberginen-Piccata mit Tomatenragout

Die herrliche vegetarische Variante der Piccata milanese

Zutaten für 4 Personen

2 mittelgroße Auberginen (Melanzani)
Salz, Pfeffer, Chili
3 Eier
100 g griffiges Mehl
200 g Parmesan
Öl zum Ausbacken

TOMATENRAGOUT
4 große Tomaten
2 Knoblauchzehen
2 Karotten
¼ Stg. Lauch
3 Stk. Frühlingszwiebeln
½ rote Zwiebel
etwas Olivenöl
Salz, Pfeffer
Zitronenzesten, Rosmarin, Thymian, Petersilie

Für das Tomatenragout die Tomaten kreuzweise einschneiden und im kochenden Wasser kurz blanchieren. Dann sofort in eiskaltes Wasser geben. Anschließend die Haut abziehen, in Spalten schneiden und die Kerne entfernen, das Fruchtfleisch in Stücke schneiden.

Das restliche Gemüse nach Belieben schneiden und in etwas Olivenöl leicht anrösten. Die Tomaten dazugeben, mit Salz, Pfeffer und Kräutern würzen, bei geringer Hitze zugedeckt warmhalten.

Die Auberginen in ca. 1 cm dicke Scheiben schneiden und mit Salz, Pfeffer sowie Chili würzen. Die Eier gut verquirlen und mit dem geriebenen Parmesan vermengen. Die Auberginenscheiben zuerst in Mehl und dann im Eier-Käse-Gemisch panieren. Im heißen Fett langsam goldbraun herausbacken.

MEIN TIPP

Statt Auberginen eignen sich auch Zucchini oder Karfiol hervorragend.

Jetzt YouTube-Video anschauen!

Gefülltes Gemüse
mit cremiger Polenta

Aus Mamas Rezeptsammlung

Zutaten für 4 Personen

1 Zucchini
2 rote Spitzpaprika
400 g Rinderfaschiertes
50 g Speckwürfel
1 Zwiebel
2 Knoblauchzehen
1 TL Salz
etwas Pfeffer
1 TL Majoran
½ TL Kümmel, gemahlen
1 EL gehackte Petersilie
1 Ei
1 altbackene Semmel
50 ml heiße Milch

POLENTA
120 g Polenta (Maisgrieß)
250 ml Wasser
250 ml Milch
70 g Parmesan
50 g Butter
1 Prise Salz, Pfeffer
1 TL Gemüsewürze

TOMATENSAUCE
3 Schalotten
2 Knoblauchzehen
3 EL Olivenöl
1 TL Zucker
2 EL Tomatenmark
500 g frische Tomaten
500 g Tomatenwürfel (Dose)
1 EL Mehl
250 ml Gemüsesuppe
1 TL Salz
1 TL Currypulver
½ Zitrone (Zesten)
Pfeffer und Chili nach Belieben
2 Sch. frischer Ingwer
evtl. Kräuter

Die Zucchini in vier Stücke schneiden und mit einem Parisienne-Ausstecher so viel vom Fruchtfleisch herausnehmen, dass noch ein kleiner Rand und ein Boden bleibt. Von der Paprika den Deckel abschneiden und die Kerne etwas herauskratzen.

Für die Fülle das Faschierte in eine Schüssel geben, die Zwiebel und den Knoblauch klein schneiden und zum Fleisch geben. Die Semmel klein schneiden und in der heißen Milch einweichen. Alle restlichen Zutaten dazugeben und vermengen. Anschließend das Gemüse großzügig mit dem Faschierten füllen.

Für die Tomatensauce die kleinwürfelig geschnittenen Schalotten und Knoblauch in Olivenöl glasig anlaufen lassen, den Zucker und das Tomatenmark dazugeben und etwas karamelisieren lassen.

Mit dem Mehl stauben, dann alle restlichen Zutaten – außer den Kräutern – dazugeben. Die Sauce ca. eine halbe Stunde leicht köcheln lassen.

In eine Auflaufform so viel Tomatensauce geben, dass das Gemüse mindestens bis zur Hälfte darin liegt. Die Form in das auf 170 °C HL vorgeheizte Backrohr schieben und ca. 30 Minuten backen.

In der Zwischenzeit die Polenta zubereiten. Milch und Wasser in einen Topf geben, erhitzen und die Polenta mit einem Schneebesen einrühren. So lange rühren, bis keine Klümpchen mehr vorhanden sind. Mit Salz, Pfeffer aus der Mühle und Gemüsewürze würzen. Parmesan und Butter einrühren und warmstellen, bis die Hauptspeise fertig ist.

MEIN TIPP

Gemüse kann natürlich beliebig ausgetauscht werden!

Spaghetti Arrabiata

Feurig, italienisch

Zutaten für 2 Personen

1	mittelgroße Zwiebel
1–2	Knoblauchzehen
½	Chili, scharf (ohne Kerne) oder Chilisalz
1 EL	Tomatenmark
1 Dose	gereifte Tomaten oder passierte Tomaten
1 Prise	Zucker
	Salz, Pfeffer
250 g	Spaghetti

Zwiebel, Knoblauch und Chili klein schneiden und in Olivenöl anbraten. Tomatenmark dazugeben und verrühren.

Tomaten mit etwas Wasser, einer Prise Zucker, Salz und Pfeffer leicht einkochen lassen.

Nun das Ganze gut pürieren. Anschließend die Sauce unter die gekochten Nudeln mischen.

Je nach Geschmack kann man die Spaghetti Arrabiata mit Parmesan verfeinern.

MEIN TIPP

Die Nudeln am besten selbst herstellen (→ Basics)!

Jetzt YouTube-Video anschauen!

Zucchini-Risotto mit Räucherlachs

Ein cremiges Trio

Zutaten für 4 Personen

1200 ml heiße Gemüsesuppe oder Wasser mit Gemüsesuppenwürze
1 EL Butter
1 kleine Zwiebel
300 g Risottoreis
120 ml trockener Weißwein
1 mittelgroße Zucchini
¼ Stg. Lauch (Porree)
200 g Räucherlachs
50 g kalte Butter zum Verfeinern
4 EL Parmesan, gerieben
Salz, Pfeffer
½ Zitrone (Zesten)

Zuerst die Gemüsesuppe erhitzen. Dann in einem weiten Topf die Butter schmelzen und die klein-würfelig geschnittene Zwiebel darin farblos andünsten.

Reis dazugeben und kurz mitdünsten lassen, mit Wein ablöschen, etwas einreduzieren lassen und unter ständigem Rühren mit der Suppe nach und nach aufgießen.

Die Suppe immer wieder fast einkochen lassen. Das ist ganz wichtig, denn nur so entsteht das typische Risotto! In der Zwischenzeit den Lauch in Ringe und die Zucchini sowie den Lachs in kleine Würfel schneiden.

Kurz vor Ende der Garzeit die Zucchiniwürfel und den in Ringe geschnittenen Lauch ins Risotto geben, die kalte Butter und den geriebenen Parmesan einrühren und zum Schluss den Lachs unterheben, mit Zitronenzesten und evtl. nochmals mit geriebenem Parmesan bestreuen und genießen!

MEIN TIPP

Zucchini und Räucherlachs kann man natürlich auch weglassen und durch ein Lieblingsgemüse ersetzen!

Curry-Spaghetti

Nach dem Rezept meiner lieben Freundin Iris

Zutaten für 2 Personen

100 g	Schinken
1	Paprika, grün
1	Paprika, rot
etwas	Olivenöl
1 Bch.	Crème fraîche
1 Pkg.	Frischkäse
	Oregano, Basilikum
	Salz, Pfeffer
1 KL	Curry
	Petersilie
250 g	Spaghetti oder Spiralnudeln (je nach Gusto)
	Parmesan (nach Belieben)

Schinken und Paprika klein-würfelig schneiden und in Olivenöl anbraten.

Crème fraîche, Frischkäse und die Gewürze dazugeben, anschließend etwas einkochen lassen. Ganz zum Schluss die gehackte Petersilie dazugeben.

Inzwischen die Nudeln kochen, diese mit der Sauce gut vermischen.

Auf dem Teller anrichten, nach eigenem Geschmack mit oder ohne Parmesan.

MEIN TIPP

Wenn Paprika geschält werden, sind sie leicht verträglich.
Wenn man die Nudeln selbst machen möchte: → Basics.

Jetzt YouTube-Video anschauen!

Cremige Tagliatelle mit Lachs

Für Fisch- und Pasta-Liebhaber

Zutaten für 4 Personen

250 g	Nudeln (Tagliatelle)
500 g	frischer Lachs
½ Stg.	Lauch (Porree)
3 Stk.	Frühlingszwiebeln
1 EL	Butter
1 EL	Dill
1 TL	Salz
	Pfeffer
½	Zitrone (Zesten)

SAUCE

2	Schalotten
1 EL	Butter
125 ml	Weißwein
500 ml	Suppe (Gemüse oder Rind)
250 ml	Sahne
1	Lorbeerblatt
½ TL	Salz
	Pfeffer
1 EL	Maizena zum Abbinden

Für die Sauce die Schalotten klein-würfelig schneiden und in Butter glasig anschwitzen, mit Weißwein ablöschen und ca. um die Hälfte einreduzieren lassen.

Mit Suppe und Sahne aufgießen, Lorbeerblatt dazugeben, mit Salz und Pfeffer würzen und nun alles 20 Minuten leicht köcheln lassen. Nach der Kochzeit das Lorbeerblatt entfernen und mit dem Pürierstab fein mixen. Maizena mit etwas kaltem Wasser anrühren und die Sauce damit nur leicht abbinden.

Jetzt Wasser in einem großen Topf zum Kochen bringen, salzen und die Nudeln darin al dente kochen. Anschließend abseihen und kalt abschwemmen.

Den Lachs in nicht zu kleine Würfel, den Lauch und die Frühlingszwiebeln in Ringe schneiden. Butter in einer großen Pfanne schmelzen und die Lachswürfel darin rundum kurz anbraten, salzen und pfeffern, den Lauch, die Frühlingszwiebeln und die Tagliatelle dazugeben und mit der Hälfte der Sauce aufgießen. Das Ganze erhitzen, kurz durchschwenken und mit Dill und Zitronenzesten verfeinern.

MEIN TIPP

Diese feine Rahmsauce passt zu vielen Gerichten und kann auch gut als Vorrat in einem Schraubglas im Kühlschrank oder Tiefkühler aufbewahrt werden!

Jetzt YouTube-Video anschauen!

Kürbisnocken mit Käsesauce

Am besten im Herbst genießen

Zutaten für 2–3 Personen

NOCKENTEIG

400 g Kürbis (besonders geeignet: Hokkaido mit Schale)
2 Eidotter
2 EL Parmesan
100 g Brösel
120 g Weizenmehl
Salz, Pfeffer, Muskat

SAUCE

200 ml Sahne
100 ml Milch
Salz, Pfeffer
2 EL Parmesan
150 g Gorgonzola oder anderer geriebener Hartkäse

Für den Teig den Kürbis entkernen, in Streifen schneiden und im Dampfgarer oder Backrohr weich dünsten (eventuell Einstichprobe).

Den weichen Kürbis in heißem Zustand pürieren und mit den übrigen Zutaten zu einem Teig verarbeiten.

Aus dem Teig eine Rolle mit ca. 2 cm Durchmesser formen und die Nocken abstechen.

Im Salzwasser danach so lange sieden (nicht kochen), bis sie an der Oberfläche schwimmen, anschließend herausnehmen und im Sieb abtropfen lassen.

Für die Sauce Sahne, Milch, Salz und Pfeffer aufkochen, Parmesan und Gorgonzola o. a. Käse dazugeben und so lange rühren, bis der Käse vollständig geschmolzen ist.

Die Nocken nun in der Käsesauce servieren.

MEIN TIPP

Statt Käsesauce schmeckt auch Salbeibutter zu den Kürbisnocken.

Jetzt YouTube-Video anschauen!

Gefüllte Gnocchi auf Tomatensauce

Ein Hauch von Italien

Zutaten für 2 Personen

GNOCCHITEIG

200 g Ricotta
1 Ei
1 Dotter
1 Pr. Salz
260 g Dinkelmehl
25 g geriebener Parmesan
1 Pkg. kleine Mozzarellakugeln
Pesto (→ Basics)

TOMATENSAUCE

etwas Olivenöl
2–3 Schalotten
500 g Tomaten (aus Dose oder Tetrapack)
Salz, Pfeffer, Chili
1 Pr. Zucker
frische italienische Kräuter (Rosmarin, Thymian, Oregano, Basilikum)

etwas geriebener Parmesan zum Bestreuen

Für den Gnocchiteig Ricotta, Ei und Eidotter, Salz, Mehl und Parmesan von Hand oder mit der Küchenmaschine zu einem glatten Teig verarbeiten. Eine Stunde im Kühlschrank rasten lassen.

Aus dem Teig 2 Rollen machen und ca. 4 cm dicke Stücke herunterschneiden, jedes platt drücken und mit etwas Pesto und einer Kugel Mozzarella füllen.

Den Teig verschließen und einen runden Knödel formen.
Im Salzwasser so lange ziehen (nicht kochen) lassen, bis die Knödel nach oben kommen.

Für die Tomatensauce Olivenöl in die heiße Pfanne geben und die Schalotten kurz anbraten. Tomaten hinzufügen und würzen. Erst zum Schluss die gehackten Kräuter beimischen.

Tomatensauce auf dem Teller anrichten und die Gnocchi darauf verteilen. Parmesan darüberrieseln lassen und servieren.

Spinatspätzle mit Schinken, Feta und Rahmsauce

Eine raffinierte Variante

Zutaten für 4 Personen

SPÄTZLE
250 g griffiges Mehl
300 g Spinat, passiert (tiefgekühlt)
Salz, Muskatnuss
4 Eier
Milch nach Bedarf

RAHMSAUCE
1 kleine Zwiebel
etwas Butter
100 ml Weißwein
100 ml Rahm
250 ml Gemüsesuppe
1 TL Stärkemehl

200 g saftiger Schinken
4 Stk. Frühlingszwiebeln
1 Pkg. Fetakäse
Salz, Pfeffer
1 Lorbeerblatt
Gemüsesuppenwürze
evtl. frische Petersilie

Mehl in eine Schüssel geben, den aufgetauten Spinat, die Eier, Salz und Muskatnuss dazugeben und mit dem Kochlöffel gut verrühren. Sollte der Teig zu fest sein, einen Schluck Milch dazurühren.

Wasser in einem großen, hohen Topf zum Kochen bringen und den Spätzleteig mit einem Spätzlehobel ins kochende Wasser hobeln. Die Spätzle ca. 2 Minuten garen, dann sofort in ein Sieb geben und mit kaltem Wasser abschrecken und zur Seite stellen.

Für die Rahmsauce die Zwiebel in etwas Butter glasig anschwitzen, mit Weißwein ablöschen, (langsam) einkochen lassen und dann mit Suppe und Sahne aufgießen. Das Ganze ca. 10 Minuten leicht köcheln lassen, Stärkemehl mit etwas kaltem Wasser anrühren und die Sauce damit abbinden. Ebenfalls beiseitestellen.

Den Schinken, die Frühlingszwiebeln und den Fetakäse klein schneiden. Butter in einer großen Pfanne schmelzen, den Schinken und die Zwiebeln darin leicht anbraten.

Die Spätzle dazugeben, mit Salz, Pfeffer und Gemüsesuppenwürze würzen, gut durchschwenken und Rahmsauce ganz nach Belieben ebenfalls beimengen. Alles gut durchrühren und erhitzen. Zum Schluss den Fetakäse nur leicht unterheben, evtl. mit frischer Petersilie bestreuen.

Jetzt YouTube-Video anschauen!

Küchenhexe
KüchenSchelle

Auszogne Kiachl

Am Weihnachtsmarkt schnell ausverkauft!

Zutaten für 12 Stück

¼ l	lauwarme Milch
½ Wf.	Germ (Hefe) oder 1 Packung Trockenhefe
30 g	Zucker
30 g	Butter
500 g	Mehl
1	Eidotter (Eigelb)
1	Ei

Alle Zutaten sollten Zimmertemperatur haben.

Die Hefe in der Milch auflösen und zusammen mit allen Zutaten entweder in der Küchenmaschine, im Mixer oder mit der Hand zu einem glatten Teig kneten.

Diesen eine halbe Stunde zugedeckt an einem warmen, vor Luftzug sicheren Ort gehen lassen. Dann vom Teig 12 ca. gleich große Stücke herunterschneiden und jeden Teil zu einer Kugel schleifen.

Nun nochmals die Kugeln zudecken und eine halbe Stunde gehen lassen.

Zum Schluss nun jede Teigkugel so ausziehen, dass sie außen herum dicker und in der Mitte dünner ist.

Die Kiachl bei 170 °C in neutralem Öl (Raps- oder Sonnenblumenöl) ausbacken, bis sie goldbraun sind.

MEIN TIPP

Wir essen gern einen Kiachl mit Sauerkraut (→ Basics) und zur Nachspeise einen mit Preiselbeermarmelade und etwas Staubzucker drüber.

Jetzt YouTube-Video anschauen!

Blattl mit Sauerkraut

Das Lieblingsgericht meines Enkels Lukas

Zutaten für 4 Personen

300 g Weizenmehl
10 g Salz
40 ml Sahne
150 ml lauwarme Milch

SAUERKRAUT
→ Basics

Mehl und Salz gut mischen, Sahne und lauwarme Milch mit Hilfe einer Gabel in das Mehl einrühren. Wenn die Zutaten gut vermengt sind, den Teig auf eine bemehlte Arbeitsfläche geben und mit den Händen so lange kneten, bis er geschmeidig und glatt ist. Anschließend zugedeckt etwas rasten lassen.

In der Zwischenzeit ca. 2 Liter gutes Frittierfett in einen weiten Topf geben und langsam auf 175 °C erwärmen.

Den Blattlteig in vier Teile schneiden, jeden Teil zu einem runden Teigling formen. Auf die Arbeitsfläche etwas Mehl stauben und die Teiglinge ca. 2 bis 3 mm dick mit dem Nudelholz ausrollen.

Mit einem Krapfenradl oder Messer den ausgerollten Teig achteln (Pizzaecken) und anschließend in heißem Fett (das sollte ca. 175 °C haben) nur kurz goldbraun ausbacken. Dann sofort auf ein Küchenpapier geben, um das überschüssige Fett aufzusaugen. Dazu passt hervorragend Sauerkraut!

MEIN TIPP

Die Blattl schmecken auch wunderbar mit Staubzucker bestreut und mit Apfelmus als Beilage!

Jetzt YouTube-Video anschauen!

Eierschwammerl-Gröstl

Ein schmackhaftes Pilzgericht

Zutaten für 4 Personen

10	mittelgroße, gekochte Kartoffeln
1	kleine Zwiebel
½ Stg.	Lauch
2 Stk.	Frühlingszwiebeln
200 g	Bauchspeck
~ 500 g	frische Eierschwammerln
1 EL	frisch geschnittene Petersilie
1 TL	frischer Thymian
½ TL	Salz
	Pfeffer aus der Mühle
2 EL	Öl
1 EL	Butter

Die gekochten, ausgekühlten Kartoffeln schälen und blättrig schneiden. Die Zwiebel würfeln, Lauch und Frühlingszwiebeln in feine Ringe schneiden, Bauchspeck würfeln und die Kräuter klein hacken. Die Eierschwammerln nur kurz waschen und sofort wieder gut trocknen.

In einer großen, am besten beschichteten Pfanne etwas Öl erhitzen und die Kartoffelscheiben darin gut anbraten. In einer weiteren Pfanne ebenfalls etwas Öl erhitzen und darin die Pilze braten, bis das ausgetretene Wasser wieder verdampft ist.

Zu den Kartoffeln nun die Zwiebeln, den Lauch, den Speck und die Butter dazugeben und das Ganze mit Salz und Pfeffer würzen. Die Eierschwammerln ebenfalls hinzufügen, mit Petersilie und Thymian verfeinern und gut durchschwenken.

MEIN TIPP

Dazu essen wir Krautsalat oder grünen Salat.

Jetzt YouTube-Video anschauen!

Hühnerstreifen Asia-Style

Einfach und schnell gemacht – ganz ohne Geschmacksverstärker!

Zutaten für 4 Personen

2	Hühnerbrüste
	Salz, Pfeffer, Gemüsewürze
1 EL	Stärkemehl
2 EL	Sesamöl
1	rote Paprika
1	gelbe Paprika
¼ Stg.	Lauch
200 g	Zuckerschoten
1	kleine Zucchini
5 Stk.	Frühlingszwiebeln
½	rote Zwiebel
2	Knoblauchzehen
150 ml	Asia-Sauce süß-sauer (am besten selbstgemacht, → Vorratskammer)
	gerösteter Sesam zum Bestreuen

REIS

2 Tas.	Basmatireis
4 Tas.	Wasser
	Salz

Zuerst den Reis zubereiten. Dafür diesen mit dem Wasser und Salz auf kleiner Flamme kochen, bis das Wasser verdampft und der Reis gar ist.

Für die Hühnerstreifen das Gemüse vorbereiten und in mundgerechte Stücke schneiden. Die Hühnerbrüste in nicht zu dünne Streifen schneiden, in eine Schüssel geben, mit Salz und Pfeffer würzen, mit Stärkemehl bestauben und gut vermengen.

In einer Pfanne etwas Sesamöl erhitzen, das Fleisch darin rundum gut anbraten und sofort auf einen Teller herauslegen. In der heißen Pfanne nochmals etwas Sesamöl erhitzen und das Gemüse mit dem klein geschnittenen Knoblauch darin ca. 5 Minuten anrösten.

Das Fleisch wieder dazugeben, mit Gemüsewürze und süß-saurer Sauce nach Belieben abschmecken, gut durchschwenken und mit dem Reis servieren.

Jetzt YouTube-Video anschauen!

Eierschwammerl-Kartoffel-Strudel

Ein wunderbares Pilzgericht

Zutaten für 2–3 Personen

½ Pkg.	fertiger Strudelteig
	Butter zum Einstreichen
500 g	Kartoffeln
300 g	Eierschwammerln oder andere Pilze
2	Schalotten
1 Bund	Petersilie
	Salz, Pfeffer, Muskat
1	Eidotter
1–2 EL	Crème fraîche

Kartoffeln weichkochen, schälen, durch die Kartoffelpresse drücken und ausdämpfen lassen.

Pilze und Schalotten klein schneiden, in Butter anbraten, bis die Flüssigkeit verkocht ist, salzen, pfeffern, die klein geschnittene Petersilie dazugeben und auskühlen lassen.

Die gekochten Kartoffeln mit dem Dotter, der Crème fraîche und den ausgekühlten Pilzen vermischen. Muskat hinzugeben, erneut salzen und pfeffern.

Den Strudelteig teilen, das untere Teigblatt mit flüssiger Butter einstreichen (damit dieses nicht austrocknet und bricht), das zweite Teigblatt darauflegen.

Den Teig zu ⅔ mit Fülle belegen und vom Körper weg straff einrollen.

Mit Butter einstreichen und bei 190 °C HL ca. 30 Minuten goldbraun backen. Zwischendurch den Strudel immer wieder mit flüssiger Butter bestreichen.

MEIN TIPP

Mit Salat serviert, wird der Strudel eine Besonderheit.

Kartoffel-Käse-Strudel

Schmeckt perfekt mit Äpfelkrautsalat und Schnittlauchsauce

Zutaten für 4 Personen

STRUDEL

- **8** mittelgroße, gekochte Kartoffeln
- **1** Zwiebel
- frische Petersilie
- **2 Stk.** Frühlingszwiebeln
- **200 g** würziger Käse (Graukäse)
- **1 EL** Sauerrahm
- **1** Ei
- Salz, Pfeffer aus der Mühle, Kümmel ganz und gemahlen
- **1 Pkg.** Strudelteigblätter
- **1** Ei
- **1 EL** Butter zum Bestreichen

APFELKRAUTSALAT

- **1** kleiner Kopf Frühkraut
- **2** Äpfel
- **2 Stk.** Frühlingszwiebeln
- Salz, Pfeffer
- **100 ml** Öl
- **~100 ml** Essig (weißer Balsamico- oder Apfelessig)
- **150 ml** Apfelsaft

SCHNITTLAUCHSAUCE

- **1 Bch.** Sauerrahm (Schmand)
- frischer Schnittlauch
- Salz, Pfeffer
- **1 Spr.** Zitronensaft

Für den Strudel die Kartoffeln kochen, auskühlen lassen und mit der groben Reibe in eine Schüssel reiben. Die Zwiebel kleinwürfelig schneiden, in etwas Butter leicht anrösten und mit der Petersilie, den geschnittenen Frühlingszwiebeln und dem würfelig geschnittenen Käse zu den Kartoffeln geben. Das Ei, den Sauerrahm und die Gewürze gut untermischen.

Ein Strudelteigblatt auf ein Geschirrtuch legen, mit flüssiger Butter bestreichen und ein weiteres Blatt darauflegen, dieses ebenfalls mit Butter bestreichen.

Je die Hälfte der Kartoffelfülle auf den Strudelteigblättern verteilen. Rundherum sollte ein breiter Rand übrigbleiben, den man mit einem versprudelten Ei bestreicht.

Nun den Teig links und rechts einklappen und von unten her mit Hilfe des Geschirrtuches einrollen. Mit der Nahtseite nach unten auf ein mit Backpapier ausgelegtes Backblech legen, den zweiten Strudel daneben platzieren, mit Ei bestreichen und bei 170 °C HL 30 bis 35 Minuten backen.

Für den Salat das Kraut fein hobeln, die Äpfel stifteln, die Frühlingszwiebeln klein schneiden und mit den restlichen Zutaten gut verrühren.

Für die Sauce den Schnittlauch fein schneiden und mit den anderen Zutaten kurz verrühren. Den Strudel am besten heiß servieren!

Jetzt YouTube-Video anschauen!

Spinattarte

Einfach köstlich für jeden, der Spinat gerne mag

Zutaten für 4 Personen

TEIG

250 g	glattes Weizenmehl
	Salz
160 g	kalte Butter
2–3 EL	kaltes Wasser

FÜLLE UND ROYALE

1	Schalotte oder kleine Zwiebel
2	Knoblauchzehen
500 g	frischer Spinat
1 EL	Butter
1	entrindete Toastscheibe
etwas	Milch
	Salz, Pfeffer, Muskat
2 EL	geriebener Parmesan
2	Eier
125 g	Crème fraîche

Mehl, Salz, Butter und Wasser zu einem glatten Teig kneten und im Kühlschrank ½ Stunde rasten lassen.

Schalotten, Knoblauch und den frischen Spinat in Butter (am besten in einer Pfanne) dünsten, bis der Spinat zusammengefallen und die Flüssigkeit verdampft ist. Wichtig ist, den Spinat nun komplett auskühlen zu lassen.

Für die Royale die entrindete Toastscheibe in etwas Milch einweichen und gut ausdrücken. Parmesan, Eier, Crème fraîche und das Toastbrot-Milch-Gemisch nun in einem hohen Gefäß pürieren und würzen.

Eine Tarteform ausbuttern und mit dem ausgerollten Teig auskleiden.

Spinat und Royale darauf verteilen und im vorgeheizten Backrohr bei 200 °C O + U ca. 30 Minuten backen. Schon kann die Spinattarte serviert werden.

Jetzt YouTube-Video anschauen!

Pikante Blätterteigtorte

Ideal für ein spontanes gemeinsames Abendessen

Zutaten für eine 26-cm-Backform

2 Pkg. Blätterteig

1 Brokkoli (1 großer oder 2 kleine)
2 Schalotten
1 Knoblauchzehe
250 g Champignons
Salz, Pfeffer
200 g Schinken
2 Pkg. Mozzarella

1 Ei zum Bestreichen

Brokkoli in Röschen teilen und ca. 5 Minuten blanchieren.

Schalotten, Knoblauch und Champignons klein schneiden, anbraten, salzen, pfeffern und auskühlen lassen.

Die Backform ausbuttern und mit erstem Blätterteig auskleiden, dabei einen 3 bis 4 cm hohen Rand schaffen.

Den Brokkoli und die mit der Zwiebel und dem Knoblauch angebratenen Champignons mit allen übrigen klein geschnittenen Zutaten gut vermengen und auf dem Blätterteig verteilen.

Aus dem zweiten Blätterteig einen runden Deckel ausschneiden, die Fülle damit abdecken und mit dem vorbereiteten Rand gut verschließen. Die gesamte Torte dann mit dem verquirlten Ei bestreichen.

Im vorgeheizten Backrohr bei 200 °C HL ca. 35 Minuten backen.

Tomaten-Mozzarella-Schiffchen

Eine Alternative zu Pizza

Zutaten für 4 Schiffchen

FLADEN

250 g Mehl
½ Wf. frischer Germ (Hefe) oder 1 Pkg. Trockenhefe
2½ EL Olivenöl
1 Prise Zucker
Salz
130 ml lauwarmes Wasser

BELAG

2 Pkg. Mozzarella
2–3 große Tomaten
Salz, Pfeffer
Basilikum oder Pizzagewürz

Für die Fladen Mehl, Germ (Hefe), Olivenöl, Zucker, Salz und lauwarmes Wasser zu einem glatten Teig kneten.

½ Stunde abgedeckt an einem warmen und zugfreien Ort gehen lassen.

Nun den Teig in 4 etwa gleich große Teile teilen und diese rund schleifen, dann nochmals ¼ Stunde gehen lassen.

Anschließend jede Kugel zu einem ovalen Fladen ausrollen und den Rand eindrehen, sodass keine Flüssigkeit austreten kann.

Nun jedes Schiffchen abwechselnd mit Mozzarella und Tomatenscheiben belegen und würzen.

Die belegten Schiffchen bei 200 °C HL 20 bis 25 Minuten backen.

Jetzt YouTube-Video anschauen!

Kartoffel-Mangold-Roulade

Mangold ist ein Powerpaket und enthält außerordentlich viele Vitamine

Zutaten für 4 Personen

ROULADENTEIG

120 g weiche Butter
4 Dotter
4 Eiweiß
Salz, Muskat
150 g gekochte, passierte Kartoffeln (am besten mehlige)
75 g glattes Weizenmehl
1 TL Stärkemehl (Maizena)
90 ml Sahne

FÜLLE

400 g Mangold
1 kleine Zwiebel
2 Knoblauchzehen
50 g Butter für die Bechamelsauce
2 EL Weizenmehl
150 ml Milch
Salz, Muskat, Gemüsewürze

Für den Rouladenteig die Butter mit den Dottern, Salz und Muskat schaumig rühren. Die passierten Kartoffeln und anschließend Sahne und Mehl einrühren. Das Eiweiß mit einer Prise Salz steif schlagen und vorsichtig unter die Masse heben.

Diesen Teig nun auf ein mit Backpapier ausgelegtes Backblech streichen und bei 180 °C O + U ca. 15 Minuten backen. Den fertigen Kartoffelbiskuit sofort nach dem Backen stürzen und mit Backpapier einrollen.

Für die Fülle den Mangold waschen und mit den Stielen klein schneiden. Etwas Butter in einer Pfanne zergehen lassen, die klein geschnittene Zwiebel und den Knoblauch darin kurz andünsten, den Mangold dazugeben und zusammenfallen lassen.

Für die Bechamelsauce die Butter im Topf zergehen lassen, das Mehl einrühren, sofort mit Milch aufgießen und rühren, bis eine glatte Masse entsteht. Diese mit Salz, Muskat und Gemüsewürze gut abschmecken und mit dem Mangold zusammenrühren.

Die Fülle leicht abkühlen lassen und den noch warmen Kartoffelbiskuit damit bestreichen, diesen wieder zusammenrollen, in 3 cm dicke Scheiben schneiden und noch warm servieren! Dazu passt ein einfacher Schnittlauchsauerrahm und grüner Salat!

MEIN TIPP

Am nächsten Tag als Resteessen die Scheiben einfach in Butter anbraten und mit Parmesan bestreuen!

Jetzt YouTube-Video anschauen!

Wirsingkohl-roulade

Eine gschmackige Verwicklung

Zutaten für 4 Personen

1	Wirsingkohl
½	Semmel
50 ml	Milch
300 g	Rinder-Faschiertes
1	Ei
1	Zwiebel
1	Knoblauchzehe
	Salz, Pfeffer, Majoran, Petersilie, Kümmel, Chilipulver
8 Sch.	Bauchspeck
2 EL	Butterschmalz

RAHMSAUCE
→ Basics

KARTOFFELPÜREE

4	mittelgroße mehlige Kartoffeln
1–2 TL	Salz
1 Msp.	Muskat, gemahlen
100 g	Butter
200 ml	heiße Milch

Kirschtomaten und Petersilie zum Garnieren

Den Wirsing am Strunk einschneiden und den ganzen Kopf in siedendes Wasser geben. Die äußeren Blätter fallen dadurch der Reihe nach ab. Diese herausnehmen, sofort in kaltem Wasser abschrecken und dann auf ein Tuch legen.

Für die Fülle die Semmel in der Milch einweichen und zum Faschierten geben. Zwiebel und Knoblauch klein schneiden und gut mit dem Ei, den Gewürzen und dem Fleisch vermengen.

Zwei oder drei Wirsingblätter übereinanderlegen und einen guten Esslöffel von der Fülle in die Mitte geben, von der Seite her etwas einklappen und aufrollen. Eine oder zwei Scheiben Speck darum wickeln.

Die Rouladen in Butterschmalz rundherum anbraten, mit Rahmsauce aufgießen. Je nach Größe 10 bis 15 Minuten leicht köcheln lassen.

Für das Kartoffelpüree die Kartoffeln schälen, vierteln und in gesalzenem Wasser sehr weich kochen.

Die Kartoffeln abseihen und durch die Kartoffelpresse in eine Schüssel drücken. Milch erhitzen, die Butter darin schmelzen, alles in die Kartoffelmasse rühren und würzen.

Die Kohlrouladen je nach Größe mit ein oder zwei Kirschtomaten und frischer Petersilie garnieren und mit dem Kartoffelpüree anrichten.

Jetzt YouTube-Video anschauen!

Fleischknödel

Herzhafter Genuss

Zutaten für 4 Personen

KNÖDELTEIG

800 g	mehlige Kartoffeln
200 g	Mehl
2 EL	Grieß
	Salz, Muskat
2	Eidotter (Eigelb)
30 g	wachsweiche Butter

FÜLLE

100 g	Speckwürfel
1	Zwiebel
2	Knoblauchzehen
500 g	Faschiertes (Rind oder Rind/Schwein gemischt)
	Petersilie
	Salz, Pfeffer

etwas	Butter

Für den Teig die Kartoffeln kochen (ca. 40 Minuten, bis sie weich sind), schälen, heiß durch die Kartoffelpresse drücken und auskühlen lassen.

Anschließend die Kartoffeln mit Mehl, Grieß, Salz, Muskat, Dotter und Butter zu einem glatten Teig verarbeiten.

Für die Fülle Speck, Zwiebel und Knoblauch in Butter anrösten, das faschierte Fleisch zugeben und wenige Minuten braten. Alles zusammen mit Salz und Pfeffer gut würzen, schließlich die klein geschnittene Petersilie untermischen und das Ganze abkühlen lassen.

Den Kartoffelteig zu einer Rolle formen (ca. 5 bis 6 cm Durchmesser, je nach Knödelgröße), kleine Stücke mit ca. 3 cm Dicke von der Rolle abschneiden, etwas ausziehen, die abgekühlte Fülle in der Mitte platzieren, den Teig rundherum schließen und daraus Knödel formen.

Diese nun in Salzwasser nur ziehen lassen, das Wasser sollte also nicht kochen. Fertig sind die Knödel, wenn sie oben schwimmen. Im Dampfgarer sind sie bei 100 °C nach 25 Minuten gar.

Vor dem Servieren je nach Geschmack etwas goldgelbe oder braune Butter über die Knödel geben.

MEIN TIPP

Sauerkraut passt gut zu den Fleischknödeln: → Basics.

Jetzt YouTube-Video anschauen!

Tris (Spinatknödel, Rote-Rüben-Knödel, Käseknödel)

Ein Hauch von Törggelen daheim

Zutaten für 12 Knödel
bzw. 4 Personen

KNÖDELBASIS

250 g Knödelbrot
200 ml heiße Milch
2 EL Butter
1 Zwiebel
Salz, Pfeffer, Muskat
3 Eier
3 EL Mehl

SPINATKNÖDEL

125 g passierter Spinat (tiefgefroren oder ca. 400 g frischer Spinat)
1 EL Mehl

ROTE-RÜBEN-KNÖDEL

2 gekochte kleine Rote Rüben, püriert
1 EL Mehl

KÄSEKNÖDEL

200 g Hartkäse (Bergkäse oder Bierkäse)
Petersilie

Für die Basis das Knödelbrot mit heißer Milch übergießen. Die Butter schmelzen, die klein geschnittene Zwiebel darin glasig andünsten und zum Knödelbrot geben. Mit Salz, Pfeffer und Muskat würzen.

Etwa 10 Minuten warten, erst dann mit den restlichen Zutaten für die Knödelbasis vermischen. Anschließend die Basis in drei gleich große Teile teilen.

Spinatknödel:
Den passierten, aufgetauten Spinat zu einem Drittel der Knödelbasis geben oder den frischen Spinat in einer Pfanne mit Butter kurz andünsten, klein schneiden und zur Basis mischen.

Rote Rüben Knödel:
Gekochte Rüben pürieren und zu dem weiteren Drittel der Basis mengen.

Käseknödel:
Den geriebenen Hartkäse und klein geschnittene Petersilie zur restlichen Knödelbasis geben.

Jede Knödelart im wallenden Wasser 20 Minuten ziehen lassen oder 20 bis 25 Minuten im Dampfgarer bei 100 °C garen.

MEIN TIPP

Die Knödel sind auch einzeln, mit brauner Butter und Parmesan serviert, eine bekömmliche Hauptspeise.

Kartoffel-paunzen

Immer wieder köstlich

Zutaten für 4 Personen

1 kg	mehlige Kartoffeln
200 g	griffiges Mehl
2	Eier M
250 g	Topfen (Quark) 20 % Fett
1 EL	Salz
	Muskatnuss
	Butterschmalz zum Ausbacken

Die mehligen Kartoffeln entweder im Dampfgarer oder in Salzwasser weichkochen. Je nach Größe dauert das 35 bis 45 Minuten.

Anschließend herausnehmen, in heißem Zustand schälen und mit der Kartoffelpresse pressen. Nun ausdampfen lassen.

Die ausgekühlten Kartoffeln zusammen mit Mehl, Eiern, Topfen, Salz und Muskat rasch zu einem glatten Teig verarbeiten.

Anschließend den Teig zu einer Rolle mit ca. 2 bis 3 cm Dicke formen. Davon nun 1 bis 2 cm breite Räder herunterschneiden.

Schließlich die Kartoffelpaunzen in Butterschmalz goldgelb ausbacken.

MEIN TIPP

Passend dazu kann selbstgemachtes Sauerkraut serviert werden (→ Basics).

Jetzt YouTube-Video anschauen!

Topfen-Speck-Laibchen

Immer wieder gerne mit Salat!

Zutaten für 4 Personen

~ 100 g gewürfelter Speck
2 Pkg. Topfen (Quark) à 250 g (20 % Fett)
Petersilie, Schnittlauch
3 Eier
6 EL Brösel
3 EL Mehl
Salz, Pfeffer, Muskat
Butterschmalz oder neutrales Öl (Rapsöl, Sonnenblumenöl)

Den gewürfelten Speck in der Pfanne etwas andünsten.

Speck, Kräuter und alle anderen Zutaten zu einem Teig verarbeiten und kräftig würzen

Laibchen formen und diese im heißen Butterschmalz oder Öl bei mittlerer Hitze (Stufe 7 oder 8 von 9) auf Sicht goldbraun ausbacken.

MEIN TIPP

Mit feuchten Händen lässt sich der Teig leichter verarbeiten.

Jetzt YouTube-Video anschauen!

Topfen-schupfnudeln

Eine gute Resteverwertung

Zutaten für 2–3 Personen

250 g	Topfen (Quark)
70 g	griffiges Mehl
20 g	wachsweiche Butter
1	Eidotter (Eigelb)
1 Prise	Salz
1	kleine Zwiebel
	Wurst- und Schinkenreste
	Parmesan
	Schnittlauch

Für die Schupfnudeln Topfen, Mehl, Butter, Eidotter und Salz zu einem Teig kneten und eine halbe Stunde rasten lassen.

Aus dem Teig nun fingergroße Nudeln formen und in Salzwasser ziehen lassen. Wenn sie oben schwimmen, werden sie herausgenommen und kalt abgeschreckt, damit nichts zusammenklebt.

Die Schupfnudeln nun in Butterschmalz goldgelb braten.

Die Zwiebel anschwitzen und zusammen mit den Wurst- und Schinkenresten abbraten. Anschließend über die Nudeln geben.

Parmesan und Schnittlauch vor dem Servieren nicht vergessen.

Jetzt YouTube-Video anschauen!

Unser Lieblings-Burger mit selbstgemachten Buns

Fastfood kann so lecker sein, wenn man es selbst macht

Zutaten für 4 Personen

BUNS

30 g	Butter
125 ml	Milch
10 g	Zucker
10 g	frische Hefe
250 g	glattes Mehl
10 g	Salz
1	kleines Ei

AUSSERDEM

~ 600 g	faschiertes Rindfleisch
	Salz, Pfeffer, Chili
1	Avocado
2 EL	Zitronensaft
1	Knoblauchzehe
100 ml	Öl
1	Zwiebel
100 g	Mehl
1	Ei
100 g	Brösel
2	Tomaten
8 Sch.	Speck
	Fett zum Ausbacken
etwas	Öl
einige	Salatblätter
	BBQ-Sauce

Für die Buns die Butter in einem Topf schmelzen und von der Platte nehmen. Milch, Zucker und Hefe dazugeben, etwas verrühren, 5 Minuten stehen lassen.

Mehl, Salz und Ei in eine Schüssel geben, das Milch-Hefe-Gemisch langsam mit dem Knethaken (Mixer oder Küchenmaschine) einkneten, bis der Teig schön glänzt. Das dauert ca. 8 Minuten.

Den Teig an einem warmen Plätzchen gehen lassen, bis er mindestens doppelt so groß ist. Anschließend gut durchkneten, zu 100 g schweren Teiglingen portionieren und Kugeln schleifen.

Die Teigkugeln auf ein mit Backpapier ausgelegtes Backblech geben, dann weitere 30 Minuten ruhen lassen. Anschließend im vorgeheizten Backrohr bei 175 °C O + U 20 Minuten backen.

Nun das Faschierte mit Salz, Pfeffer und Chili würzen und zu 160 g schweren Patties formen. Avocadofruchtfleisch in ein höheres Gefäß geben, Knoblauch und Zitronensaft dazugeben, etwas salzen, mit dem Mixstab das Öl einmixen wie bei einer Mayonnaise.

Die Zwiebel in dickere Ringe schneiden, in Mehl, Ei und Bröseln panieren, anschließend in heißem Fett herausbacken. Die Tomaten in Scheiben schneiden.

In einer großen Pfanne etwas Öl erhitzen, darin die Patties kurz anbraten, den Speck ebenfalls.

Nun den Burger mit allen Komponenten nach Lust und Laune zusammenbauen, mit BBQ-Sauce verfeinern und genießen.

MEIN TIPP Das Rezept für eine selbstgemachte BBQ-Sauce findet ihr im Kapitel „Vorratskammer“.

Jetzt YouTube-Video anschauen!

Schneller Steak-Toast
mit Cocktailsauce

Ein Gaumenschmaus

Zutaten für 4 Personen

4 etwas dickere Weißbrotscheiben
1 EL Butter
2 EL Öl
4 Steaks à 100 g von Rind, Schwein, Pute oder Huhn, ganz nach Belieben
Steakgewürz
4 Sch. Ananas aus der Dose
1 rote Zwiebel
2–3 Tomaten
1 rote Paprika
Salatblätter

COCKTAILSAUCE
200 g Ketchup
100 g Mayonnaise
2 EL Meerrettich
Salz, Pfeffer
1 EL Essig oder Cognac
frische Kräuter wie Petersilie und Schnittlauch

Zuerst für die Cocktailsauce alle Zutaten gut verrühren und diese dann in den Kühlschrank stellen. Nun in einer Pfanne die Butter schmelzen und die Brotscheiben darin bei mittlerer Hitze knusprig anrösten.

In einer weiteren Pfanne Öl erhitzen, die Steaks würzen und darin links und rechts je 2 Minuten scharf anbraten, aus der Pfanne nehmen und beiseitestellen.

Die rote Zwiebel und die Paprika in Ringe schneiden, die Tomaten in Scheiben und mit den Ananasscheiben kurz in der Pfanne erwärmen.

Die Salatblätter auf den gerösteten Brotscheiben verteilen, mit Cocktailsauce dick bestreichen und das Fleisch und die restlichen Zutaten darauf appetitlich anrichten. Guten Appetit!

Jetzt YouTube-Video anschauen!

Hähnchenbrust
auf monegassische Art

Mein persönliches Lieblingsessen

Zutaten für 4 Personen

4	Hähnchenbrüste (eventuell Maishähnchen)
	Salz, Pfeffer
4	Salbeiblätter
4 BL	Schinken (ital. Prosciutto)
etwas	Mehl
etwas	Öl zum Braten

SAUCE

2	Schalotten
etwas	Weißwein
250 ml	Sahne
	Salz, Pfeffer
einige	Tropfen Worcestersauce
	eiskalte Butter

Jedes Stück Fleisch salzen, pfeffern, ein Blatt Salbei auflegen und mit Prosciutto umwickeln.

Nun die Brüstchen mit beiden Seiten in Mehl legen und in der Pfanne in Öl (neutral, z. B. Raps- oder Sonnenblumenöl) gut anbraten. Danach das Fleisch aus der Pfanne in eine Auflaufform oder Kasserolle legen.

Die Schalotten in einer Pfanne anbraten, mit Weißwein ablöschen und einreduzieren; dann mit Sahne aufgießen, würzen und kurz einkochen lassen.

Die heiße Sauce in einem hohen Gefäß mit eiskalter Butter durchpürieren und über das Fleisch gießen.

Die Hähnchenbrüste im vorgeheizten Backrohr bei 200 °C HL 20 Minuten fertig garen.

MEIN TIPP

Als Beilage zu den Brüstchen eignen sich Spinatspätzle oder grüne Nudeln besonders gut.

Jetzt YouTube-Video anschauen!

Mariniertes Backhendl in der Cornflakeskruste

Eine tolle Kombi

Zutaten für 4 Personen

1	ausgelöstes Hendl (2 Brüste und 2 Schenkel)
	Salz und Pfeffer

MARINADE

100 g	Joghurt
1 Prise	Salz
etwas	Pfeffer
½ TL	Chilipulver, mild
1 EL	gehackte Petersilie
½ TL	Grillhendlgewürz
½	Zitrone (Zesten)

PANADE

100 g	Cornflakes
150 g	griffiges Mehl
2	Eier
200 g	Butterschmalz oder Frittierfett zum Ausbacken

Die Hendlteile leicht salzen und pfeffern. Für die Marinade alle Zutaten in einer etwas größeren Schüssel gut verrühren und die Hendlteile darin ein paar Minuten einlegen.

Für die Panade zuerst die Cornflakes in einen Gefrierbeutel geben und mit dem Nudelholz zerkleinern.

Nun Mehl, Eier und die zerkleinerten Cornflakes in 3 Schüsseln aufteilen und die Hendlteile in dieser Reihenfolge panieren.

In einer großen Pfanne das Fett erhitzen (ca. 170 °C) und die panierten Teile darin rundherum goldbraun herausbacken. Nach dem Backen sofort auf ein Küchenpapier legen, damit das überschüssige Fett aufgesaugt wird.

MEIN TIPP

Zu diesem besonders gschmackigen Backhendl passt ein Salat super dazu, z. B. Endiviensalat mit Fenchel, Apfel und Honig.

Jetzt YouTube-Video anschauen!

Gebackenes Schweinsfilet

mit Kartoffel-Gemüse-Salat

Meine Familie liebt dieses Sonntagsessen

Zutaten für 2–3 Personen

- **1** Schweinsfilet
- **1** Zitrone
- **1 Prise** Salz
- **etwas** Pfeffer
- **1 Prise** Chili
- **2 EL** Senf
- **2** Eier
- **100 g** Mehl
- **4 EL** geriebener Käse (z. B. Parmesan oder Hartkäse)
- **200 g** Pankobrösel
- **150 g** Butterschmalz oder Frittierfett zum Ausbacken

SALAT

- **500 g** Kartoffeln
- **500 g** Gemüse (Karotten, Zuckerschoten, Zucchini, rote Zwiebeln, Radieschen)
- **1 EL** gehackte frische Petersilie
- **½ Bund** Rucola
- **1 Prise** Salz
- **etwas** Pfeffer
- **1 TL** Gemüsewürze (gestrichen)
- **½** Zitrone (Zesten)
- **100 ml** Öl
- **100 ml** Weißwein oder Apfelessig

Für den Salat die Kartoffeln kochen und schälen, Karotten schälen und in Scheiben schneiden. Zuckerschoten zweimal durchschneiden, Zucchini der Länge nach vierteln und in kleine Stücke schneiden, Zwiebel in Ringe schneiden und die Radieschen achteln.

Wenig Wasser mit Salz und Gemüsewürze zum Kochen bringen und die Karotten, Zuckerschoten und Zucchini nur kurz blanchieren.

Gemüse abseihen, den Gemüsesud auffangen und das Gemüse kalt abschrecken. Vom Gemüsesud ca. 200 ml in eine Schüssel geben und nun alle Salatzutaten gut zusammenrühren.

Jetzt das Schweinsfilet in 1 cm dicke Scheiben schneiden, mit Salz, Pfeffer und Chili würzen. Anschließend mit Senf auf einer Seite bestreichen.

Das Mehl und die Eier mit dem geriebenen Käse verquirlen und die Pankobrösel zum Panieren vorbereiten.

Das Fett in einer Pfanne erhitzen, die Fleischstücke zuerst in Mehl wälzen, dann in der Eier-Käse-Mischung wenden und anschließend in den Pankobröseln wenden.

Nun in heißem Fett knusprig goldbraun herausbacken! Mit Kartoffel-Gemüse-Salat und Zitrone servieren!

Jetzt YouTube-Video anschauen!

Rehgeschnetzeltes
mit Marillen, Blaukraut-strudel und Spätzle

Wildbret mit Pfiff

Zutaten für 4 Personen

REHGESCHNETZELTES

1 kg Rehfleisch (aus der Schulter od. Schlögl)
1 Zwiebel
200 g Wurzelgemüse (Karotte, Sellerie, Lauch)
1 EL Tomatenmark
400 ml Suppe oder Wasser
1 EL Mehl
200 g getrocknete Marillen
Salz, Pfeffer
1 EL Baharat (indische Gewürzmischung)
¼ Orange (Zesten)
2 EL Öl

BLAUKRAUTSTRUDEL

400 g fertiges Blaukraut (→ Basics)
8 Frühlingsrollen-Teigblätter

SPÄTZLE
→ Basics

Das Rehfleisch zuputzen und in Streifen schneiden. Die Zwiebel würfeln und das Wurzelgemüse in kleine Stücke schneiden. Öl in einem weiten Topf erhitzen und das Fleisch darin scharf anbraten, anschließend auf einen Teller geben.

In den heißen Topf evtl. noch etwas Öl nachgeben. Die Zwiebel und das Wurzelgemüse darin gut anrösten (Röstaromen). Tomatenmark kurz mitrösten, mit Mehl stauben, umrühren und mit Suppe aufgießen.

Mit Salz, Pfeffer und Baharat würzen. Bei nicht zu starker Hitze nur leicht köcheln lassen, bis das Fleisch gar ist. Kurz vor Ende der Garzeit die klein geschnittenen Marillen einrühren.

Für den Blaukrautstrudel die Teigblätter sofort nach dem Auspacken mit einem feuchten Tuch gut abdecken. Das Blaukraut in eine Ecke des Teiges legen, kurz einrollen, die seitlichen Ecken einklappen, den Rand leicht mit Wasser bestreichen und fertig rollen. Die Rollen in ca. 170 °C heißem Fett goldbraun herausbacken.

Rindsgulasch

Nach dem Rezept meiner Oma

Zutaten für 4 Personen

1 kg	Wadschinken vom Rind
1 kg	gelbe Zwiebeln
etwas	Öl (neutral, Raps- od. Sonnenblumenöl)
2–3 EL	Mehl
3 EL	Paprikapulver, edelsüß
	Salz, Pfeffer, Chili
	Suppe oder Wasser mit Suppenpulver

Das Fleisch in nicht zu kleine Stücke schneiden. Anschließend die Zwiebeln klein schneiden.

Öl in der Pfanne erhitzen und die Zwiebeln glasig andünsten. Nun das Fleisch dazugeben und gut anbraten. Mit Mehl und Paprikapulver stauben, verrühren und mit Suppe ein wenig aufgießen.

Salz, Pfeffer, Chili einrühren und immer wieder mit etwas Suppe aufgießen, bis das Fleisch mit Flüssigkeit bedeckt ist.

Jetzt bei geringer Hitze 2 bis 2½ Stunden köcheln (nicht kochen) lassen, bis das Fleisch weich ist. Dabei öfters umrühren.

Sehr gut passen zum Rindsgulasch Knödel, Spätzle, Nudeln oder Polenta (→ Basics).

MEIN TIPP Je öfter das Gulasch aufgewärmt wird, desto besser schmeckt es.

Jetzt YouTube-Video anschauen!

Saltimbocca vom Kabeljau

mit Ofengemüse und Minikartoffeln

Ein herrlich leichtes Sommergericht

Zutaten für 4 Personen

8	Minikartoffeln
etwas	Kräuterbutter
1	rote Paprika
1	gelbe Paprika
4 Stk.	Frühlingszwiebeln
1	Fenchelknolle
einige	Kirschtomaten
2	Knoblauchzehen
1	kleine Zucchini
	Olivenöl
	Salz, Pfeffer, Gemüsewürze
500 g	Kabeljau, frisch oder tiefgefroren
8 Sch.	Speck
8	Salbeiblätter

Die Minikartoffeln waschen und in Salzwasser kochen, bis sie weich sind, dann halbieren und mit der Schnittfläche nach unten in einer Pfanne mit Kräuterbutter knusprig braten.

Das Gemüse in etwas größere Stücke schneiden, in eine Auflaufform geben, mit Salz, Pfeffer und Gemüsewürze abschmecken. Olivenöl dazugeben und das Ganze gut durchmischen. Im vorgeheizten Backrohr bei 200 °C O + U ca. 20 Minuten garen.

Den Kabeljau in 8 Stücke schneiden, mit Salz und Pfeffer würzen, mit einem Salbeiblatt belegen und in eine Speckscheibe wickeln.

Die vorbereiteten Fischstücke in etwas Öl bei mittlerer Hitze rundum nicht zu lange braten, sodass sie innen noch glasig sind. Mit dem Ofengemüse und den knusprigen Minikartoffeln anrichten und genießen!

MEIN TIPP Dieses Gericht eignet sich hervorragend für Gäste, weil man alles wunderbar vorbereiten kann!

Jetzt YouTube-Video anschauen!

Nach speisen

Topfen-Grieß-schmarren mit Heidelbeeren

Wie eine Wolke

Zutaten für 4 Personen

SCHMARREN

2 Eier
2 EL Zucker
Vanillepaste, Zitronenzesten
50 ml Sahne
20 g Grieß
200 g Topfen (Quark)
1 EL Stärkemehl
1 TL Backpulver
1 Prise Salz
3 EL Butter
Staubzucker

HEIDELBEER-RAGOUT

400 g Heidelbeeren (frisch oder tiefgefroren)
2 EL Zucker
etwas Zitronenabrieb
1 TL Vanillepaste
20 ml Amaretto
2 TL Vanillepuddingpulver

Für das Heidelbeer-Ragout die Heidelbeeren mit Zucker, Zitronenabrieb, Vanillepaste und der Hälfte vom Amaretto kurz aufkochen und mit dem Vanillepuddingpulver (angerührt mit dem restlichen Amaretto) abbinden.

Für den Schmarren zuerst das Backrohr auf 180 °C HL vorheizen. Nun die Eier trennen und das Eiklar mit der Hälfte des Zuckers steif schlagen. Die Dotter mit dem restlichen Zucker cremig aufschlagen, Vanillepaste und Zitronenzesten dazugeben.

Den Grieß mit der Sahne zusammenrühren und etwas quellen lassen. Topfen, Stärkemehl, Backpulver, Salz sowie die Grieß-Sahne-Mischung in die Dottercreme einrühren. Den Eischnee vorsichtig unterheben.

Die Butter in einer Pfanne bei nicht zu starker Hitze schmelzen, die Topfenmasse hineingeben und bei mittlerer Hitze anbacken. Die Pfanne auf einem Gitter ins Backrohr geben und fertig backen (dauert etwa 5 bis 10 Minuten).

Den fertigen Schmarren aufreißen, mit Staubzucker bestreuen und mit dem Heidelbeer-Ragout genießen.

Jetzt YouTube-Video anschauen!

Himbeernocken mit Vanillerahm

Ein wahrer Genuss

Zutaten für 4 Personen

200 g Mehl
1 Msp. Backpulver
50 g Zucker
1 TL Vanillepaste
100 g Sauerrahm
¼ Zitrone (Zesten)
2 Eier
200 g frische Himbeeren
Staubzucker zum Bestreuen
100 g Sauerrahm
1 TL Vanillepaste
1 EL Staubzucker
Butter zum Ausbacken

Mehl, Backpulver, Zucker, Vanillepaste, Sauerrahm und Zitronenzesten in einer Schüssel gut verrühren, dann die Eier einrühren. Der Teig sollte zähflüssig sein. Nun die Himbeeren unterheben.

In einer beschichteten Pfanne etwas Butter erhitzen, dann mit einem Esslöffel Nocken abstechen, diese in die Pfanne geben und bei schwacher Hitze braten, vorsichtig wenden. Die Nocken auf einen Teller legen, mit Staubzucker bestreuen und mit frischen Himbeeren garnieren.

Für den Vanillerahm den Sauerrahm mit dem Staubzucker und der Vanillepaste verrühren und zu den Nocken servieren.

MEIN TIPP

Auch mit Ribiseln oder Heidelbeeren schmecken die Nocken fantastisch!

Süße Lasagne

Viele Schichten süßer Genuss

Zutaten für 6
Lasagne-Türmchen

Strudelblätter
flüssige Butter
Staubzucker

TOPFENMOUSSE
250 ml Sahne
3 BL Gelatine
250 g Topfen (Quark)
80 g Staubzucker
1–2 EL Joghurt
1 EL Vanillezucker
½ Zitrone (Schale und Saft)

Früchte nach Wahl
einige Minzblätter

Aus dem Strudelteigblatt (einlagig) Kreise, Rechtecke oder andere Form je nach Belieben ausstechen, mit flüssiger Butter bestreichen und mit Staubzucker bestreuen.

Bei 180 °C HL 7 bis 8 Minuten backen.

Für das Topfenmousse die Sahne steif schlagen und kühlstellen. Die Gelatine in kaltem Wasser 10 Minuten einweichen.

Topfen, Staubzucker, Joghurt, Vanillezucker und die geriebene Zitronenschale verrühren.

Den Zitronensaft erwärmen (nicht kochen) und die gut ausgedrückte Gelatine darin auflösen.

Etwas Topfenmousse zum Zitronensaft-Gelatine-Gemisch geben und verrühren (sonst besteht Gefahr der Verklumpung).

Nun das gesamte Mousse zugeben und verrühren, zum Schluss die Sahne unterheben. Anschließend alles kaltstellen.

Ein Blatt Strudelteig am Teller anrichten, die Creme auftragen, darauf wieder ein Strudelblatt legen und abermals die Creme hinzugeben. Den Vorgang wiederholen und mit einem Strudelblatt abschließen.

Früchte nach Wahl pürieren und über oder neben der süßen Lasagne platzieren, als Dekoration ein Minzblatt. Leicht mit Staubzucker bestäuben und servieren.

Tonkabohnen-Parfait

Kann auch auf Vorrat zubereitet werden

Zutaten für ca. 12 Förmchen

5	Dotter
1	Ei
85 g	Kristallzucker
1 Schuss	Rum
½	Tonkabohne
350 ml	geschlagene Sahne
½ kg	Erdbeeren

In einem abgerundeten Kessel die Dotter, das Ei, den Zucker, den Rum und die halbe, fein geriebene Tonkabohne über dem Wasserbad so lange rühren, bis eine Temperatur von 60 bis 65 °C erreicht ist. Vorsicht, dass nicht Rührei entsteht.

Wenn die Temperatur passt und die Masse etwas eingedickt ist, in der Küchenmaschine oder über einem Eisbad kalt schlagen.

Die Sahne steif schlagen und unter die erkaltete Eiermasse heben. Abschließend das Parfait in die Silikon-Halbkugeln oder andere vorhandene Formen füllen und einfrieren.

Erdbeeren pürieren und durch ein Sieb streichen. Das gefrorene Parfait aus der Halbkugel drücken und mit den pürierten Erdbeeren servieren.

MEIN TIPP

Bei einem unvorhergesehenen Besuch ist mit dieser Köstlichkeit immer eine Überraschung im Tiefkühler.

Herrlich luftige Orangencreme

Verführerisch gut

Zutaten für 4 Personen

1 Blatt	Gelatine
150 ml	Sahne, geschlagen
350 ml	Orangensaft
70 g	Zucker
1 Pkg.	Vanillepuddingpulver
200 g	Mascarpone
1 TL	Vanillepaste oder ½ ausgekratzte Vanilleschote
2 ml	Grand Marnier
½	Orange (Zesten)

Die Gelatine in kaltem Wasser einweichen, Sahne steif schlagen und bis zur Verwendung kühlstellen.

300 ml vom Orangensaft mit dem Zucker zum Kochen bringen, das Vanillepuddingpulver mit dem restlichen Saft glattrühren und in den kochenden Orangensaft einrühren. Ca. 1 Minute kochen lassen und dabei fest rühren.

Die Gelatine gut ausdrücken und in den heißen Pudding rühren, diesen gleich in eine Schüssel geben und im kalten Wasserbad herunterkühlen.

Den Mascarpone, die Vanille, den Grand Marnier und die Orangenzesten gut einrühren und anschließend die steif geschlagene Sahne unterheben. In Gläser abfüllen und in den Kühlschrank stellen. Vor dem Genießen nach Herzenslust ausgarnieren.

MEIN TIPP

Dieses Dessert ist bei uns zu Weihnachten ein Klassiker, meine Familie liebt es!

Jetzt YouTube-Video anschauen!

Crème Brûlée mit Mango

Ein Klassiker einmal anders

Zutaten für 6 ofenfeste Förmchen

1 reife Mango
500 ml Sahne
2 EL Zucker
1 Vanilleschote (Mark)
5 Dotter
brauner Zucker zum Abflämmen

Mango schälen, würfeln und pürieren. Das Mangopüree auf vorbereitete feuerfeste Formen verteilen.

Sahne, 1 EL Zucker, das Vanillemark und die Vanilleschote zum Sieden bringen (nicht kochen).

1 EL Zucker und die 5 Dotter hellgelb aufschlagen, die heiße Sahne langsam einrühren.

Vanilleschote entfernen und die gesamte Flüssigkeit durch ein Sieb streichen.

Die Schalen auf ein Blech stellen und die Vanillesahne auf die Mango in den Formen verteilen.

Heißes Wasser auf das Blech gießen, so dass die Schalen zur Hälfte im Wasser stehen.

Im vorgeheizten Backrohr bei 160 °C HL ca. 30 bis 35 Minuten pochieren. Anschließend herausnehmen und kaltstellen.

Vor dem Servieren mit braunem Zucker bestreuen und mit einem Gourmetbrenner abflämmen.

MEIN TIPP Anstatt 500 ml Sahne kann man auch 150 ml Milch und 350 ml Sahne verwenden.

Buttermilch-Panna-Cotta mit Erdbeeren

Erfrischendes, leichtes Sommerdessert

Zutaten für 4 Personen

3 Blatt Gelatine
250 ml Sahne
250 ml Buttermilch
75 g Staubzucker
je ½ Zitrone und Limette (Zesten und Saft)
400 g frische Erdbeeren
1 EL Zucker
1 TL Vanillepaste und frische Minze

Die Gelatineblätter ca. 5 Minuten in kaltem Wasser einweichen. Die Sahne steif schlagen. Buttermilch mit Staubzucker, Saft und Zesten von Zitrone und Limette gut verrühren.

Die Gelatine aus dem Wasser nehmen und in der Mikrowelle erwärmen, bis sie flüssig ist. 1 bis 2 EL von der Buttermilch in die flüssige Gelatine einrühren (angleichen), dann erst das Buttermilch-Gelatine-Gemisch in die restliche Buttermilch zügig einrühren.

Die geschlagene Sahne vorsichtig unterheben. Die Creme in Gläser abfüllen und im Kühlschrank stocken lassen.

Die Erdbeeren klein schneiden, Zucker und Vanillepaste unterrühren. Die Buttermilch-Panna-Cotta mit den Erdbeeren reichlich belegen und mit Minze garnieren.

Jetzt YouTube-Video anschauen!

Schokomousse-Törtchen

Immer eine Sünde wert

Zutaten für 8 bis 10 Stück,
je nach Ringgröße

BISKUIT

3	Eiweiß
40 g	Zucker
4	Eigelb
40 g	Staubzucker (Puderzucker)
40 g	Mehl (Maizena)
40 g	Stärke

MOUSSE

250 g	dunkle Schokolade
2 Blatt	Gelatine
400 ml	Schlagobers
2	ganze Eier
2 cl	Cointreau (oder Rum)

Für den Biskuit das Eiweiß mit Zucker steif schlagen, dann das Eigelb mit Staubzucker hellgelb aufschlagen.

⅓ der Eiweißmasse in das aufgeschlagene Eigelb einrühren, Mehl und Stärke einsieben und den restlichen Schnee unterheben.

Diesen Teig nun auf ein mit Backpapier ausgelegtes Blech aufstreichen und im vorgeheizten Backrohr bei 180 °C HL ca. 10 bis 12 Minuten backen.

Für das Mousse die Schokolade über Wasserdampf schmelzen und die Gelatine im kalten Wasser einweichen. Sahne steif schlagen und kaltstellen, anschließend die Eier sprudelig rühren.

Cointreau (oder Rum) erhitzen, die Gelatine darin auflösen, dann zu den Eiern mischen. Die geschmolzene Schokolade hier unterrühren und die geschlagene Sahne unterheben.

Runde Formen (Dessertringe) am Rand leicht anfeuchten und Frischhaltefolie darüberspannen. Formen nun mit der Folie nach unten auf einer glatten Fläche auflegen und zu ⅔ mit Mousse befüllen.

Aus dem Biskuit Kreise in der Größe der Dessertringe ausstechen und als späteren Boden auf das Mousse legen, im Kühlschrank anschließend 2 bis 3 Stunden kühlen.

Das Mousse zum Servieren von den Ringen lösen und nett dekorieren.

MEIN TIPP

Wenn man das Mousse auf eine Frischhaltefolie gibt, hat man am Ende eine schöne, glatte Oberfläche zum Dekorieren.

Windbeutel mit Eierlikörsahne und Himbeeren

Ein königlicher Genuss

Zutaten für 12 Stück

BRANDTEIG

125 ml Wasser
125 ml Milch
1 Prise Salz
100 g Butter
200 g Mehl
1½ Pkg. Backpulver
1 Pkg. Vanillezucker
4 Eier

FÜLLE

500 ml Sahne
1 Pkg. Sahnesteif
1 EL Vanillezucker
20 ml Eierlikör
frische Himbeeren

Für den Brandteig Wasser, Milch und Salz in einem Topf erhitzen und die Butter dazugeben. Wenn die Butter flüssig ist, das Mehl auf einmal dazuschütten und mit einem Kochlöffel gut verrühren, bis ein Teigklumpen entsteht. Diesen nun ein paar Minuten „abbrennen" und dabei immer fest rühren.

Den Teig in die Schüssel der Rührmaschine mit Knethaken geben und leicht auskühlen lassen. Das Backpulver und den Vanillezucker dazugeben und mit den Eiern (jedes einzeln hinzufügen) gut verrühren. Wenn der Teig schön glänzt und vom Knethaken abreißt, ist er genug gerührt.

Backrohr auf 200 °C O + U vorheizen und ein feuerfestes Gefäß mit Wasser auf den Ofenboden stellen. Den Teig in einen Spritzbeutel mit Zackentülle füllen und auf ein mit Backpapier belegtes Backblech 12 Rosetten dressieren. Diese nun auf der mittleren Schiene des Ofens backen. Nach 10 Minuten das Wasser herausnehmen und alles weitere 25 Minuten fertigbacken.

Für die Fülle Sahne mit dem Sahnesteif aufschlagen und den Eierlikör einrühren. Die ausgekühlten Brandteigkrapfen, auch „Windbeutel" genannt, auseinanderschneiden und mit der Eierlikörsahne und den Himbeeren füllen.

MEIN TIPP

Das Gebäck nicht zu früh aus dem Ofen nehmen, da die Krapfen sonst zusammenfallen!

Jetzt YouTube-Video anschauen!

Apfel-Mohn-Topfenknödel

Einfach himmlisch

Zutaten für 10 Stück

TOPFENTEIG

250 g Topfen
2 EL Öl
1 Ei
Salz
2 EL Grieß
2 EL Weißbrotbrösel
100 g griffiges Mehl
½ Zitrone (Abrieb)
1 Pkg. Vanillezucker oder -paste

FÜLLE

1 Apfel
2 EL Apfelsaft
30 ml Milch
30 ml Wasser
1 TL Butter
50 g Zucker
1 TL Marillenmarmelade oder Karamellsauce
Zimt
1 EL Rumrosinen
100 g Mohn

BUTTERBRÖSEL

100 g Butter
200 g Semmelbrösel
1 Pkg. Vanillezucker
Staubzucker nach Belieben

FÜR DAS KOCHWASSER

1–2 Pkg. Vanillezucker
etwas Salz

Für den Topfenteig alle Zutaten in eine Schüssel geben und mit dem Mixer gut verkneten. Den Teig zugedeckt im Kühlschrank ca. 30 Minuten rasten lassen.

Für die Fülle den Apfel schälen, Kerngehäuse entfernen und in kleine, gleichmäßige Würfel schneiden. Diese im Apfelsaft bissfest kochen und auskühlen lassen.

Milch und Wasser in einen Topf geben, Butter dazu und einmal kurz aufkochen. Topf vom Herd nehmen und die restlichen Zutaten der Fülle sowie die Apfelwürfel einrühren und auskühlen lassen.

Nun einen weiten Topf mit Wasser aufstellen, dieses zum Kochen bringen und 1 bis 2 Pkg. Vanillezucker sowie etwas Salz ins Wasser geben.

Den Topfenteig auf der bemehlten Arbeitsfläche zu einer Rolle formen und in 10 gleich große Stücke teilen. Mit etwas Mehl ein Teigstück vorsichtig auseinanderdrücken und zu einem ca. handtellergroßen Kreis formen. In diesen 1 EL von der Fülle geben, den Teig wieder gut verschließen und behutsam zu einem Knödel formen.

Alle Knödel vorbereiten, dann ins kochende Wasser geben, nur leicht wallend ca. 15 bis 20 Minuten kochen.

In der Zwischenzeit in einer Pfanne Butter schmelzen, die Brösel, Staubzucker und den Vanillezucker einrühren und leicht bräunen.

Die fertigen Knödel in den süßen Bröseln wälzen und mit Staubzucker bestreuen.

MEIN TIPP Die Knödel werden besonders flaumig, wenn man in den letzten 5 Minuten Kochzeit die Hitze reduziert und einen Deckel auf den Topf gibt!

Jetzt YouTube-Video anschauen!

Schnelle Marillenknödel

Ein österreichischer Klassiker

Zutaten für 7 bis 8 Stück

250 g	Topfen bzw. Quark (mager od. 20 % Fett)
3 EL	Semmelbrösel
3 EL	Mehl
1 EL	Grieß
1 Pr.	Salz
2	Eier
6–8	Marillen (Aprikosen)
etwas	Zucker

ZUM WENDEN

250 g	Brösel
1 Tasse	Zucker
	Butter

Alle Zutaten außer den Marillen zu einem Teig verrühren. Diesen mindestens ¼ Stunde rasten lassen.

Marillen halbieren, entsteinen und in die Vertiefung des Kernes ein Stück Würfelzucker oder ½ Löffel Zucker legen.

Aus dem Teig dann eine Rolle mit ca. 6 bis 8 cm Durchmesser formen. Von dieser Rolle 6 bis 8 Stücke abschneiden (Dicke ist abhängig von der Größe der Marillen).

Den Teig nun flachdrücken, Marille in die Mitte legen und rundherum gut schließen, dann einen Knödel formen.

Im Dampfgarer oder im Salzwasser (nicht kochen, nur ziehen lassen) 20 bis 25 Minuten garen.

Butter aufschäumen, Brösel und Zucker abrösten und die heißen Knödel darin wälzen.

MEIN TIPP

Mit feuchten Händen lassen sich die Knödel leichter formen.

Jetzt YouTube-Video anschauen!

Wiener Tascherln (Polsterzipfel)

Ein Klassiker aus Kindertagen

Zutaten für ca. 30 Stück

125 g	Mehl
125 g	Butter
125 g	Topfen (Quark)
1 Prise	Salz
3 EL	Marmelade nach Wunsch
1	Ei
	Staubzucker zum Bestreuen

Aus Mehl, Butter, Topfen und einer Prise Salz mit dem Handmixer (Knethaken) einen glatten Teig kneten und diesen zugedeckt im Kühlschrank eine halbe Stunde rasten lassen.

Die Arbeitsfläche leicht bemehlen und den Teig quadratisch ca. 3 mm dick ausrollen. Mit einem Teigrad gleich große Quadrate schneiden, diese an den Rändern leicht mit Ei bestreichen.

Die Marmelade in einen Spritzbeutel füllen und ein wenig mittig auf jedes Teigstück geben (ca. ½ Teelöffel). Die Quadrate zu Dreiecken zusammenklappen, auf ein mit Backpapier ausgelegtes Backblech legen und mit Ei bestreichen.

Die Tascherln im vorgeheizten Rohr bei 180 °C HL ca. 15 Minuten backen. Das fertige Gebäck mit Staubzucker bestreuen und am besten noch lauwarm genießen.

MEIN TIPP

Dieser Teig eignet sich hervorragend für pikant gefüllte Tascherln (z. B.: Frischkäse und Räucherlachs)!

Jetzt YouTube-Video anschauen!

Kuchen & Gebäck

Tiramisu-Roulade

Bella Italia und Dolce Vita

Zutaten für 1 Roulade

4	Eier
4 EL	Zucker
3 EL	Mehl
3 EL	Speisestärke (Maizena)
etwas	Amaretto

FÜLLUNG

3 BL	Gelatine
4	Eigelb
100 g	Staubzucker (Puderzucker)
500 g	Mascarpone
50 ml	kalter Espresso
etwas	Mandellikör oder Rum
	Kakao zum Bestreuen

Für den Teig zuerst 4 Eiweiß mit 2 EL Zucker zu Schnee aufschlagen.

Dann die Dotter mit 2 EL Zucker hell-schaumig aufschlagen, Speisestärke und Mehl in die Dottermasse einsieben und mit ⅔ des Eischnees verrühren.

Den restlichen Schnee unterheben und die Masse auf ein mit Backpapier belegtes Blech streichen. Im vorgeheizten Rohr jetzt bei 200 °C O + U ca. 15 Minuten auf Sicht goldbraun backen. Abschließend auf Backpapier stürzen, auskühlen lassen, mit Amaretto und Espresso beträufeln und mit einem Tuch einrollen (bleibt dadurch formbar).

Für die Creme 3 Blatt Gelatine in kaltem Wasser einweichen. Eidotter mit Puderzucker über Wasserdampf so lange schlagen, bis es leicht eindickt (Vorsicht, nicht zu heiß). Gelatine ausdrücken und in der warmen Eigelbmasse auflösen.

In der Küchenmaschine oder über Eiswürfeln kalt schlagen und immer wieder einen Löffel Mascarpone einrühren.

Rouladenteig nun aufrollen, die kalte Creme auf ⅔ der Fläche aufstreichen und Teig wieder einrollen.

Im Kühlschrank gut durchkühlen, vor dem Servieren mit Kakao bestreuen.

MEIN TIPP

Sollte die Creme zu weich geworden sein, kurz in den Kühlschrank stellen und erst dann auf die Roulade streichen.

Brombeer-schnitten

Süß und fruchtig

Zutaten für 8 Stück

MANDELBISKUIT

3	Eier
80 g	Zucker
	Vanille, Salz, Zitronenzesten
70 g	Mehl
1 TL	Backpulver
25 g	Vanillepuddingpulver
50 g	geriebene Mandeln
20 g	flüssige Butter

CREME

4 Blatt	Gelatine
150 ml	Sahne
150 g	Kuvertüre
150 g	Crème fraîche
	Vanillepaste
300 ml	Sahne
200 g	Brombeeren
50 g	Staubzucker
200 g	Sahne zum Ausfertigen

Für den Mandelbiskuit die Eier mit dem Zucker in der Küchenmaschine oder dem Mixer gut aufschlagen (mindestens 5 Minuten). Die restlichen Zutaten vorsichtig unterheben. Die Masse auf ein mit Backpapier ausgelegtes Backblech streichen und im vorgeheizten Rohr bei 180 °C O + U 20 Minuten backen.

Für die Creme die Gelatine in kaltem Wasser einweichen und in der Mikrowelle schmelzen. Nun 150 ml Sahne in einem Topf erwärmen und die Kuvertüre darin schmelzen. Anschließend die Masse etwas auskühlen lassen und die Crème fraîche sowie die geschmolzene Gelatine einrühren.

Nun 300 ml Sahne steif schlagen und vorsichtig unter die Creme heben. Die Brombeeren fein pürieren und durch ein Sieb streichen, das Brombeerpüree mit Staubzucker süßen. Die Hälfte vom Brombeerpüree in die Hälfte der Creme einrühren.

Jetzt den ausgekühlten Biskuitboden in drei gleiche Teile schneiden. Den ersten Boden in einen Rahmen für Schnitten geben und mit etwas Brombeerpüree bestreichen. Die helle Creme ohne Beeren darauf verteilen und evtl. frische Brombeeren darauflegen.

Den zweiten Biskuitboden darauflegen und die Brombeercreme darauf verteilen. Mit dem dritten Boden abdecken, mit Frischhaltefolie abdecken und im Kühlschrank am besten über Nacht fest werden lassen.

Die Schnitten aus dem Rahmen lösen, mit geschlagener Sahne einstreichen und nach Belieben mit frischen Beeren garnieren.

MEIN TIPP

Die Brombeeren können gerne gegen Himbeeren, Heidelbeeren oder gemischte Waldbeeren ausgetauscht werden.

Apfel-Zwetschgen-Tarte

Genau mein Geschmack

Zutaten für 1 runde Tarteform mit 8 cm Durchmesser oder 2 kleine rechteckige Tarteformen

MANDELCREME

50 g	Marzipan
200 g	Crème fraîche
80 g	geriebene Mandeln
etwas	Zimt
1 Pkg.	Vanillezucker
2	Eier Gr. M
2 EL	Staubzucker
20 ml	Rum

AUSSERDEM

	Mürbteig (→ Basics)
2	Äpfel
200 g	Zwetschgen
1 EL	Butter
1	Ei zum Bestreichen

Für die Mandelcreme Marzipan in der Mikrowelle etwas erwärmen. Anschließend alle weiteren Zutaten gut zusammenrühren.

Nun Äpfel schälen, Kerngehäuse entfernen und in Spalten schneiden. Die Zwetschgen halbieren, entkernen und ebenfalls in Spalten schneiden.

Die Tarteform mit weicher Butter bestreichen, den Mürbteig ausrollen und die Form damit auskleiden (evtl. aus einem Teil ein paar Herzen ausstechen).

Die Mandelcreme gleichmäßig darauf verstreichen und mit den Früchten ganz eng dachziegelartig belegen. Die ausgestochenen Herzen darauflegen und mit etwas versprudeltem Ei bestreichen. Im vorgeheizten Backrohr bei 180 °C O + U 35 Minuten backen!

Jetzt YouTube-Video anschauen!

Mozart-Gugelhupf

Dem Wolfgang Amadeus hätte er bestimmt geschmeckt!

Zutaten für 1 Gugelhupfform

4	Eiweiß
200 g	Zucker
250 g	Butter
4	Dotter
etwas	Vanillepaste
300 g	Mehl
40 g	Vanillepuddingpulver
1 Pkg.	Backpulver
100 ml	Milch
20 ml	Amaretto
5 Tr.	Bittermandelaroma
1 EL	Nougat oder Nutella
50 g	geriebene Pistazien
2 EL	Marillenmarmelade
200 g	dunkle Kuvertüre
30 g	Kokosfett (Ceres)

Zuerst das Eiweiß mit der Hälfte des Zuckers in der Rührmaschine steif schlagen und beiseitestellen. Die Butter in der Mikrowelle leicht erwärmen, sodass sie weich ist, und mit dem restlichen Zucker mit der Rührmaschine gut verrühren. Nach und nach die Dotter und Vanillepaste dazugeben und schön schaumig aufschlagen.

Mehl, Backpulver und Vanillepuddingpulver in einer Schüssel separat gut verrühren. Milch und Mehlgemisch abwechselnd in die Butter-Zucker-Dotter-Masse einrühren. Den Eischnee unterheben.

Die Masse nun auf drei Schüsseln aufteilen, einmal mit Amaretto und Bittermandel aromatisieren, einmal den Nougat einrühren und einmal die geriebenen Pistazien unterheben.

Eine Gugelhupfform gut mit Butter ausstreichen und mit etwas Mehl bestauben, nun die Teige aus den drei Schüsseln abwechselnd in die Form füllen und leicht verstreichen. Bei 170 °C HL ca. 45 Minuten backen.

Nach dem Backen den Gugelhupf auf ein Gitter stürzen und auskühlen lassen. Die Marmelade erwärmen und den Kuchen damit bestreichen. Die Kuvertüre mit dem Kokosfett im Wasserbad schmelzen und den Gugelhupf damit glasieren.

Evtl. noch mit geschmolzener weißer Kuvertüre dünne Fäden über die dunkle Glasur ziehen. Fertig!

Jetzt YouTube-Video anschauen!

Kirsch-Mohn-Kranz

Kirschenzeit ist Sommerzeit

Zutaten für 1 Kranzform

400 g	Kirschen
175 g	weiche Butter
100 g	Marzipan
150 g	Zucker
4	Eier
	Vanille- und Bittermandelaroma oder Amaretto
350 g	Mehl
½ Pkg.	Backpulver
150 ml	Milch
50 g	Mohn

Zuerst die Kirschen entkernen. Die Butter und das Marzipan in der Mikrowelle etwas weich machen und anschließend in der Küchenmaschine oder mit dem Handmixer gut verrühren. Den Zucker dazugeben und cremig aufschlagen.

Nun die ganzen Eier nach und nach in die Butter-Zucker-Masse einrühren, bis die Masse ein schönes Volumen hat. Vanille und Bittermandelaroma oder Amaretto unterrühren. Mehl mit Backpulver mischen und mit der Milch abwechselnd in die Masse einrühren.

Eine Kranz- oder Gugelhupfform gut ausbuttern und leicht bemehlen, die Hälfte des Teiges in die Form geben und die Kirschen darauf gut verteilen. In den restlichen Teig den Mohn einrühren und gleichmäßig auf den Kirschen verstreichen. Die Form in die Mitte des Rohres geben und bei 170 °C HL ca. 50 Minuten backen.

Den fertigen Kuchen in der Form noch ca. 10 Minuten auskühlen lassen, dann stürzen und mit Staubzucker bestreuen!

MEIN TIPP Die Kirschen können gerne gegen ein anderes Obst ausgetauscht werden, z. B. Pfirsiche, Marillen, Pflaumen usw.

Jetzt YouTube-Video anschauen!

Zitronenkuchen mit Crème fraîche

Sauer macht lustig

Zutaten für 1 Kastenform

3	Eier
230 g	Zucker
120 g	Crème fraîche
15 g	Mohn
1 EL	Zitronenzesten
170 g	Mehl
1 TL	Backpulver
1 Prise	Salz
1 TL	Vanillepaste
75 g	Butter, flüssig
3 EL	Staubzucker
etwas	Limoncello oder Zitronensaft
	Pistazien, Mandelblättchen und Zitronenzesten zum Garnieren

Die Eier mit dem Zucker in der Küchenmaschine gut schaumig aufschlagen, die Crème fraîche dazugeben und 2 Minuten rühren. Den Mohn, die Zitronenzesten und die Vanillepaste hinzugeben.

Mehl mit Backpulver mischen und ebenfalls einrühren. Zum Schluss die flüssige Butter dazugeben.

Die Rührkuchenmasse in eine kleine, gut ausgebutterte Kastenform geben und im vorgeheizten Backrohr bei 170 °C O + U ca. 50 Minuten backen.

Anschließend Staubzucker mit Limoncello oder Zitronensaft glattrühren und den ausgekühlten Kuchen damit bestreichen. Nach Belieben mit Pistazien, Zitronenzesten und Mandelblättchen garnieren.

MEIN TIPP

Statt Zitronen- kann man auch Orangenzesten verwenden.

Jetzt YouTube-Video anschauen!

Marillenschnitte

Sommerlicher Genuss

Zutaten für ½ Backblech

BISKUIT

4	Eier
140 g	Staubzucker (davon 80 g für Eiweiß)
1 EL	Vanillezucker
etwas	Zitronenpaste
120 g	Mehl
40 g	flüssige Butter

CREME

500 ml	Milch (davon 100 ml für die Eimischung)
5	Dotter
70 g	Stärke (Maizena)
350 g	Kristallzucker (davon 200 g für die Eimischung)
1 EL	Vanillezucker
½ KL	Zitronenpaste
2–3 EL	Marillenmarmelade (Aprikose)
1 kg	Marillen (Aprikosen)

SCHAUM:

2 BL	Gelatine
310 g	Kristallzucker (davon 100 g für Eiklar)
5	Eiklar
½	Zitrone (Saft)

Für den Biskuitteig 4 Eiweiß mit 80 g Staubzucker steif schlagen. 4 Dotter, eine Prise Salz, den restlichen Zucker, den Vanillezucker und etwas von der Zitronenpaste schaumig aufschlagen.

Abwechselnd nun Schnee und gesiebtes Mehl unter die Dottermischung heben und zum Schluss die flüssige Butter einrühren.

Einen Backrahmen (25 x 35 cm) einfetten, den Teig in die Form füllen und glattstreichen. Im vorgeheizten Backrohr bei 180 °C O + U ca. 18 Minuten backen.

Für die Creme zuerst 100 ml Milch, Dotter und Maizena verrühren. Nun die restlichen 400 ml Milch, Zucker und Vanillezucker aufkochen. Die Eiermischung in die kochende Milch so lange einrühren, bis diese eindickt.

Zitronenpaste zugeben und leicht überkühlen. Frischhaltefolie direkt darauflegen, damit sich keine Haut bildet.

Auf den ausgekühlten Teig 2 bis 3 EL Marillenmarmelade streichen und mit halbierten, entsteinten Marillen eng belegen. Die Creme anschließend darüber verteilen und im Kühlschrank aushärten lassen.

Für den Eischaum 2 Blatt Gelatine in kaltem Wasser einweichen. 310 g Kristallzucker in einer Kasserolle mit Wasser bedecken und aufkochen, bis ca. 115 °C erreicht sind.

5 Eiklar mit 100 g Zucker steif schlagen und den heißen Zucker in einem dünnen Strahl in die laufende Küchenmaschine (den laufenden Mixer) fließen lassen und dann kalt schlagen.

Den Saft der Zitrone erhitzen, darin die ausgedrückte Gelatine auflösen und in den Eischnee einrühren.

Den fertigen Eischnee auf die Creme entweder aufstreichen oder mit dem Spritzsack aufspritzen. Zum Abschluss mit dem Gourmet-Brenner abflämmen.

Jetzt YouTube-Video anschauen!

Mango-Kokos-Törtchen

Die Lieblingstörtchen meiner Schwester Petra

Zutaten für 6 Törtchen

KOKOSBISKUIT

- **90 g** Eiweiß
- **35 g** Zucker
- **65 g** Kokosflocken
- **35 g** Mandelmehl (fein geriebene Mandeln)
- **65 g** Staubzucker

MANGOMOUSSE

- **240 g** Mangopüree
- **6 Blatt** Gelatine
- **70 g** Eiweiß
- **50 g** Zucker
- **300 ml** Sahne

EINLAGE

- **1** Mango

MANGOSPIEGEL

- **180 g** Mangopüree
- **20 g** Zucker
- **100 g** Läuterzucker (Zucker und Wasser 1:1 für 5 Minuten kochen)
- **3 Blatt** Gelatine

Für den Kokosbiskuit das Eiweiß mit dem Zucker steif schlagen. Kokosflocken, Mandelmehl und ⅔ des Staubzuckers separat mischen und dann unter den Eischnee heben. Die Masse auf die Hälfte eines mit Backpapier ausgelegten Backblechs streichen, den restlichen Staubzucker darübersieben und für 12 bis 15 Minuten bei 180 °C O + U backen.

Für das Mangomousse das Fruchtpüree in eine Schüssel geben, die Gelatine in kaltem Wasser 5 Minuten einweichen, anschließend erwärmen, bis sie flüssig ist, und sofort ins Mangopüree rühren. Das Eiweiß mit dem Zucker steif schlagen, die Sahne ebenfalls, anschließend beides abwechselnd unter die Fruchtmasse heben.

Für die Einlage die Mango klein-würfelig schneiden.

Für den Mangospiegel Fruchtpüree, Zucker und Läuterzucker in einem Topf erhitzen. Die Gelatine in kaltem Wasser einweichen und in die warme Sauce rühren. Nicht kochen!

Zum Fertigstellen der Törtchen 6 Dessertringe vorbereiten und mit Tortenfolie auslegen. Mit einem Ring den Kokosbiskuit ausstechen und jeweils einen Boden in die Ringe geben. Die würfelige Mango auf die Böden aufteilen und die Ringe mit Mangomousse auffüllen. Es soll noch ein kleiner Rand übrig bleiben für den Spiegel.

Die Törtchen für eine halbe Stunde kühlstellen, erst dann den Mangospiegel darauf leeren. Am besten über Nacht im Kühlschrank fest werden lassen.

MEIN TIPP

Die Hälfte vom Mangopüree durch Passionsfruchtpüree ersetzten. Schmeckt herrlich frisch und fruchtig!

Baiser-Roulade mit Früchten

Das fruchtig-süße Dessert

Zutaten für 1 Roulade

BAISER

5	Eiklar
1 Pr.	Salz
225 g	Zucker
1 TL	Speisestärke
1 Msp.	Vanille
½ TL	Essig (weiß)

CREME

	frische Früchte
400 ml	Sahne
2 KL	Sanapart
30 g	Staubzucker
	Vanillearoma

Für das Baiser die 5 Eiklar zu einem steifen Schnee schlagen. Eine Prise Salz zufügen und den Zucker unter ständigem Rühren langsam einrieseln lassen. Dann Vanille (oder Vanillezucker), Speisestärke und Essig einrühren.

Die Masse nun auf ein mit Backpapier belegtes Blech aufstreichen.

Im vorgeheizten Backrohr bei 180 °C HL ca. 15 bis 18 Minuten backen.

Für die Creme zuerst die Früchte klein schneiden. Anschließend Sahne mit Sanapart, Staubzucker und Vanillearoma steif schlagen und die Früchte einrühren.

Das ausgekühlte Baiser zu ⅔ mit Creme bestreichen, einrollen, mit Folie oder Backpapier umwickeln und 2 bis 3 Stunden im Kühlschrank durchkühlen.

Zum Servieren in Scheiben schneiden und mit Früchten dekorieren.

Apfelcreme-kuchen

Vorsicht, hier besteht Suchtgefahr!

Zutaten für 1 Backrahmen mit 25 x 25 cm

ÖLRÜHRTEIG

3 Eier
120 g Zucker
Vanillepaste
Zitronenzesten
60 ml Öl
60 ml Wasser
150 g Mehl
½ Pkg. Backpulver

APFELCREME

2 Pkg. Vanillepuddingpulver
500 ml Apfelsaft
3–5 Äpfel je nach Größe
100 g Zucker
20 ml Rum
1 TL Zimt
½ Zitrone (Saft)

SAHNEHAUBE

3 BL Gelatine
500 ml Sahne
1 Bch. Sauerrahm
100 g Zucker

Für den Ölrührteig die Eier trennen und das Eiklar mit der Hälfte des Zuckers steif schlagen. Die Dotter mit dem restlichen Zucker gut schaumig rühren, Vanillepaste und Zitronenzesten einrühren.

Nun Öl und Wasser zusammen langsam zur Dotter-Zucker-Mischung hinzugeben. Das Mehl mit dem Backpulver mischen und ebenfalls unter die Masse rühren.

Ein Backblech mit Backpapier auslegen und einen Backrahmen daraufstellen (am besten auf 25 x 25 cm einstellen). Im vorgeheizten Backrohr bei 160 °C HL für ca. 25 Minuten backen. Nach dem Backen den Backrahmen nicht entfernen!

Für die Apfelcreme das Vanillepuddingpulver mit 100 ml vom Apfelsaft glattrühren, den restlichen Apfelsaft in einem Topf zum Kochen bringen. Die Äpfel schälen, Kerngehäuse entfernen und grob reiben.

Den Zucker zum Apfelsaft geben und das glattgerührte Vanillepuddingpulver mit dem Schneebesen flott einrühren, den Topf von der Platte nehmen und die geriebenen Äpfel unterheben. Mit Zitronensaft, Zimt und Rum abschmecken. Den fertigen Pudding sofort gleichmäßig auf dem Kuchenboden verteilen und auskühlen lassen.

Für die Sahnehaube die Gelatine 5 Minuten in kaltem Wasser einweichen. In der Zwischenzeit die Sahne steif schlagen und den Sauerrahm in einer Schüssel glattrühren. Die Gelatine ohne Wasser leicht erwärmen, aber nicht kochen (!) und mit dem Sauerrahm zuerst gut verrühren, anschließend alles vorsichtig unter die steifgeschlagene Sahne heben.

Die Sahnehaube gleichmäßig auf dem ausgekühlten Apfelpudding verteilen und für mindestens vier Stunden kaltstellen.

MEIN TIPP

Vor dem Servieren mit Zimt bestreuen!

Jetzt YouTube-Video anschauen!

Kastanienschnitte

Vor allem im Herbst
ein Hochgenuss

Zutaten für einen
Backrahmen mit 20 x 35 cm

BISKUIT

	5 Eier
80 g	Zucker
1 EL	oder 1 Pkg. Vanillezucker
60 g	Mehl
20 g	Kakaopulver

SCHOKOSAHNE

¼ l	Sahne
60 g	Bitterschokolade

VANILLESAHNE

1 BL	Gelatine
¼ l	Sahne
1 EL	Staubzucker
etwas	Vanillearoma
etwas	Rum
250 g	Maronenpüree

Für den Biskuit die Eier trennen und das Eiweiß mit 40 g Zucker steif schlagen. Eidotter mit den restlichen 40 g Zucker und Vanillezucker hellgelb aufschlagen. Mehl und Kakao mischen.

Einen Teil Eiweiß nun unter die Dottermasse rühren und den Rest abwechselnd mit der Mehl-Kakao-Mischung unterheben.

Den Teig auf ein Backblech streichen, ca. 20 x 40 cm groß, und bei 200 °C O + U ca. 12 bis 15 Minuten backen. Dann auskühlen lassen.

Für die Schokosahne Schokolade über Wasserdampf schmelzen, Sahne steif schlagen und einen EL Sahne in die geschmolzene Schokolade einrühren. Diese Masse nun vorsichtig mit der restlichen Sahne vermengen.

Den ausgekühlten Biskuit in der Mitte auseinanderschneiden. Eines der beiden entstandenen Rechtecke als Boden verwenden und mit der Hälfte der Creme bestreichen. Den zweiten Teil darauflegen, die Restcreme darauf verstreichen und gut durchkühlen.

Für die Vanillesahne ein Blatt Gelatine in kaltem Wasser 10 Minuten einweichen. Sahne steif schlagen, Staubzucker und Vanillearoma zugeben.

Rum in einem Topf erhitzen (nicht kochen), Gelatine und einen Löffel Sahne einrühren. Diese Masse nun mit der Restsahne vermischen.

Die Hälfte des Maronenpürees durch eine Kartoffelpresse drücken.

Die Hälfte der Vanillesahne auf den ausgekühlten Kuchen streichen und das gepresste Maronenpüree drüberstreuen, die zweite Hälfte der Vanillesahne darübergeben und darauf den Rest des Maronenpürees streuen.

Kühlstellen und so schnell wie möglich genießen!

Jetzt YouTube-
Video anschauen!

Marillen-Topfen-Streuselkuchen

Marille und Topfen sind ein schmackhaftes Pärchen

Zutaten für eine Auflaufform mit 30 x 20 cm

~ 700 g Marillen

RÜHRTEIG

3 Eiweiß
150 g Zucker
150 g Butter
3 Dotter
200 g Mehl
½ Pkg. Backpulver

TOPFENMASSE

2 Eier
1 Prise Salz
200 g Topfen
150 g Staubzucker
Vanillepaste
60 g weiche Butter
Zitronenzesten
2 cl Rum

STREUSEL

150 g Mehl
75 g Butter
45 g Zucker
Zimt

Die Marillen entkernen und in Spalten schneiden. Für den Rührteig zuerst das Eiweiß mit der Hälfte des Zuckers steif schlagen. Die Butter, den restlichen Zucker und die Dotter schaumig rühren, das Mehl mit dem Backpulver gut vermischen und anschließend unter die Buttermasse rühren, den Eischnee unterheben.

Eine große Auflaufform ausbuttern, leicht bemehlen und den Rührteig gleichmäßig darin verstreichen.

Für die Topfenmasse die Eier trennen und das Eiweiß mit einer Prise Salz steif schlagen. In einer weiteren Schüssel Topfen, Staubzucker, Vanillepaste, Dotter, Butter, Zitronenzesten und Rum gut verrühren und das steifgeschlagene Eiweiß unterheben. Diese Masse auf den Rührteig streichen und mit den vorbereiteten Marillen belegen.

Für die Streusel alle Zutaten verkneten und auf den Früchten bröckelig verteilen. Die Form auf ein Gitter in die Mitte des Rohres stellen und bei 175 °C O + U ca. 45 Minuten backen.

MEIN TIPP

Auch mit Kirschen oder Pfirsichen schmeckt dieser Kuchen hervorragend!

Jetzt YouTube-Video anschauen!

Kirschtörtchen

Etwas Mühe, die sich lohnt

Zutaten für 10 Törtchen
oder eine 26-cm-Form

BISKUITTEIG

2 Eier
50 g Zucker
50 g Mehl
1 TL Backpulver
1 EL Kakaopulver
1 Pkg. Vanillezucker

~ ½ kg Kirschen
1 Pkg. rotes Tortengelee

CREME

3 BL Gelatine
150 ml Sahne
200 g griechisches Joghurt (10 %)
1 EL Vanillezucker
75 g Zucker
etwas Zitronensaft
100 ml Kirschsaft

temperierte Schokolade für das Gitter

Für den Biskuitteig die Eier mit dem Zucker so lange schaumig rühren, bis der Topfinhalt hellgelb ist.

Mehl, Kakao und Backpulver in die entstandene Masse einsieben und unterheben. Vanillezucker oder Vanillearoma einrühren. Den Teig nun auf einem Blech verteilen, bei 160 °C HL ca. 12 Minuten backen und auskühlen lassen.

Die Törtchenformen mit Backtrennfolie auslegen, die Böden vom Teig ausstechen und in die Formen einlegen. Kirschen entkernen, teilen und geordnet auf die Biskuitböden legen.

Rotes Tortengelee nach Packungsvorgabe zubereiten, etwas überkühlen und auf den Kirschen verteilen. Die Törtchen anschließend im Kühlschrank fest werden lassen.

Für die Creme die Gelatine 10 Minuten in kaltem Wasser einweichen. Sahne schlagen. Griechisches Joghurt mit Zucker, Vanillezucker und evtl. Kirschpulver (wer möchte) verrühren.

Kirschsaft mit Zitronensaft erwärmen (nicht kochen), dann darin die Gelatine auflösen. Mit einem Löffel voll Joghurtcreme angleichen und mit dem restlichen Joghurt verrühren. Anschließend die geschlagene Sahne unterheben.

Am besten eignet sich zum Aufspritzen der fertigen Creme auf das Kirsch-Gelee ein Spritzsack. Zum Abschluss die Creme mit der Palette glattstreichen und mindestens 2 Stunden (besser über Nacht) durchkühlen lassen.

Für das Schokogitter zuerst eine Folie auf die Randhöhe der Törtchen zurechtschneiden. Nun mit temperierter Schokolade im Spritzsack (sehr feine Öffnung) darauf ein Gitter aufspritzen.

Schokolade nicht ganz auskühlen/hart werden lassen und die Folie samt dem noch biegsamen Gitter mit der Schokoseite nach innen um die Törtchen legen. Etwas warten und dann die Folie vorsichtig abziehen. Dekorieren und servieren.

Jetzt YouTube-Video anschauen!

Käse-Sahne-Törtchen

Für den Nachmittagskaffee auf der Terrasse

Zutaten für 7 Törtchen

BISKUITTEIG

- **3** Eiweiß
- **40 g** Kristallzucker
- **4** Eigelb
- **40 g** Puderzucker
- **40 g** Stärke (Maizena)
- **40 g** Mehl

CREME

- **4 BL** Gelatine
- **2** Eigelb
- **100 g** Zucker
- **½** Zitrone (abgeriebene Schale)
- **1 Pr.** Salz
- **125 ml** Milch
- **250 g** Topfen (Quark) 20 %
- **250 g** Sahne

Früchte nach Wahl

Für den Biskuitteig Eiweiß mit Kristallzucker steif schlagen. Anschließend Eigelb mit Staubzucker hellgelb aufschlagen.

Etwa ⅓ des Eischnees in die Eigelbmasse einrühren. Dann Mehl-Stärke-Mischung abwechselnd mit dem restlichen Schnee unterheben.

Nun den Teig auf ein Blech streichen und im vorgeheizten Backrohr bei 180 °C HL ca. 10 bis 12 Minuten backen.

Alternative (siehe Tipp): Wenn eine 26-cm-Form verwendet wird, die ganze Masse bei 180 °C HL ca. 20 bis 25 Minuten backen. Nach dem Backvorgang die Torte horizontal durchschneiden, um 2 Böden zu erhalten.

Für die Creme die Gelatine in kaltem Wasser einweichen und zur Seite stellen.

Eigelb, Zucker, Zitronenschale und Salz in einer Schüssel verrühren und dann die Milch zugeben. Gut verrühren und über Wasserdampf so lange weiterrühren, bis die Masse etwas eindickt (bei ca. 72 °C). Gelatine ausdrücken und im noch warmen Milch-Ei-Gemisch auflösen.

Diese Masse nun in der Küchenmaschine langsam rühren und immer wieder löffelweise Topfen (Quark) zugeben.

Einige Minuten im Kühlschrank durchkühlen, dazwischen die Sahne schlagen und diese unter die gekühlte Ei-Mischung heben.

Böden für die Törtchen aus dem Biskuit ausstechen und in die Förmchen legen, etwas Creme einfüllen, Früchte verteilen und mit restlicher Creme auffüllen.

Eine Biskuit-Schicht als Abschluss darauflegen und einige Stunden durchkühlen lassen. Dekorieren und servieren.

MEIN TIPP

Nehmen Sie für eine ganze Käse-Sahne-Torte (26-cm-Form) einfach die doppelte Menge an Zutaten.

Süße Blätterteig-Pastetchen

Mit frischen Beeren ein besonderer Genuss

Zutaten für 7 Pastetchen

1 Pkg.	Blätterteig
250 ml	Sahne
2 EL	Zucker
	rotes Fruchtpulver oder rote Lebensmittelfarbe
1	Ei
	Früchte nach Wahl

Aus dem Blätterteig Scheiben mit ca. 7 bis 8 cm Durchmesser ausstechen, anschließend für jede Scheibe in derselben Größe auch 3 Ringe.

Den Rand der ganzen Scheiben nun mit Ei bestreichen, die Ringe mit Ei übereinander- und dann auf die Scheibe kleben.

Backrohr auf 190 °C HL vorheizen und Teig ca. 20 bis 25 Minuten goldgelb backen.

Sahne mit Staubzucker steif schlagen und Pulver oder Farbe zugeben.

Pastetchen mit der Sahne befüllen und mit verschiedenen Früchten dekorieren.

Zitronentarte

Ein Dessert für alle Fälle

Zutaten für eine Tarteform oder ca. 10 Tartelettes

MÜRBTEIG

220 g Mehl
110 g Butter
50 g Puderzucker
1 Eigelb
1 Pr. Salz

ZITRONENCREME

30 g Speisestärke (Maizena)
3 Eigelb
¼ l Milch
30 g Zucker
1 Zitrone (Saft)
2 Bio-Zitronen (abgeriebene Schale)

BAISERMASSE

5 Eiweiß
150 g Zucker
100 g Staubzucker (Puderzucker)

Für den Teig alle Zutaten rasch verkneten, in Frischhaltefolie wickeln und im Kühlschrank mindestens eine Stunde durchkühlen.

Gekühlten Teig ausrollen, in eine gefettete Tarteform legen und rundherum einen 2 bis 3 cm hohen Rand ziehen. Backpapier in die Form einpassen und getrocknete Erbsen oder Linsen darauf verteilen (Blindbacken).

Im vorgeheizten Backrohr bei 190 °C HL 15 Minuten backen. Anschließend Linsen oder Erbsen entfernen und auf Sicht so lange weiterbacken, bis der Teig eine goldbraune Farbe hat.

Für die Zitronencreme Speisestärke und Dotter gut verrühren, evtl. mit etwas Milch. Anschließend Milch und Zucker aufkochen.

Nun das Speisestärke-Dotter-Gemisch unter die kochende Milch rühren und aufkochen lassen, bis es bindet, danach Zitronensaft und abgeriebene Zitronenschale dazugeben.

Für die Baisermasse das Eiweiß mit dem Zucker zu festem Schnee schlagen. Staubzucker über den Schnee sieben und leicht unterheben.

Die Hälfte des Schnees in die heiße Creme einrühren, aufkochen lassen, schlussendlich auf dem Mürbteig verteilen, den restlichen Schnee oben als Abschluss.

Im Backrohr auf oberster Schiene bei Grillfunktion den Schnee bräunen. Abkühlen lassen und servieren.

MEIN TIPP

Die Grillfunktion beim Backrohr ist überflüssig, wenn man einen Gourmet- oder Bunsenbrenner zum Abflämmen verwendet.

Küchenschelle

Zwetschgen-Sandkuchen

Schmeckt Jung und Alt

Zutaten für eine 26-cm-Backform

250 g	Butter
250 g	Zucker
1 EL	Vanillezucker
5	Eier
½	Zitrone (abgeriebene Schale)
250 g	Mehl
~ 1 kg	Zwetschgen, entsteint und halbiert

Die wachsweiche Butter mit Zucker und Vanillezucker cremig aufschlagen. Dann die Eier einzeln unter stetigem Weiterrühren dazugeben.

Zitronenschale beimengen, Mehl einsieben und gut vermischen.

Den Teig in eine gefettete Form streichen und mit den Zwetschgen eng belegen.

Im vorgeheizten Backrohr bei 180 °C HL ca. 50 Minuten backen.

MEIN TIPP

Der Teig kann auch mit entsteinten und halbierten Marillen belegt werden.

Topfentorte mit Mürbteigboden

Die Beste

Zutaten für eine
28-cm-Backform

MÜRBTEIG
→ Basics

1 EL	Butter und Mehl für die Form
750 g	Topfen (Quark)
3	Eier
300 g	Staubzucker
60 g	Vanillepuddingpulver
80 ml	Öl
2 TL	Vanillepaste
½	Zitrone (Zesten)
750 ml	Milch
20 ml	Rum

Eine Tortenform mit 28 cm Durchmesser gut ausbuttern und mit Mehl bestauben. Den Mürbteig 5 mm dick ausrollen und die Form damit auskleiden.

Den Topfen in der Küchenmaschine kurz durchrühren, Eier, Staubzucker und das Vanillepuddingpulver gut einrühren. Das Öl während des Rührens langsam einlaufen lassen.

Mit Vanillepaste, Zitronenzesten und Rum abschmecken. Zum Schluss die Milch langsam einrühren. Vorsicht, die Masse ist sehr flüssig!

Diese nun in die Form leeren und im vorgeheizten Backrohr bei 160 °C O + U 2 Stunden backen. Die Torte im Backrohr auskühlen lassen (ausschalten und Tür aufmachen).

MEIN TIPP

Sehr gut schmeckt die Torte auch, wenn man Dosenmarillen oder klein geschnittene Pfirsiche in die Topfenmasse mischt!

Jetzt YouTube-Video anschauen!

Topfen-Sauerrahm-Kuchen

Köstlich, schnell und einfach

Zutaten für eine 26-cm-Backform

TEIG

65 g	Butter
75 g	Zucker
1	Ei
200 g	Mehl
½ Pkg.	Backpulver

BELAG

500 g	Topfen (Quark) 20 % Fett
1 Pkg.	Sahnepudding
150 g	Zucker
3	Eigelb
1 Pkg.	Vanillezucker
¼ l	Milch
1 Bch.	Sauerrahm (Schmand)
etwas	weniger als eine Tasse neutrales Öl (Raps-, Sonnenblumenöl)

BAISERHAUBE

3	Eiweiß
	3 EL Zucker

Alle Zutaten des Teiges zusammenkneten und mindestens ½ Stunde in den Kühlschrank damit.

Eine gefettete, bemehlte Form vorbereiten, den Boden dieser mit dem ausgewalkten Teig auslegen und einen ca. 3 cm hohen Rand ziehen.

Für den Belag alle Zutaten verrühren und auf den Teig gießen. Es ist kein Problem, wenn die Creme sehr flüssig ist.

Nun im vorgeheizten Backrohr bei 180 °C O + U 45 Minuten backen.

Inzwischen für die Baiserhaube 3 Eiweiß und 3 Esslöffel Zucker gut aufschlagen, nach Ablauf der Backzeit auf der Torte aufbringen und noch weitere 15 Minuten bei gleicher Temperatur fertig backen.

Komplett auskühlen lassen, dann ist der Topfen-Sauerrahm-Kuchen servierfertig.

Jetzt YouTube-Video anschauen!

Topfen-Apfel-Torte

Das Rezept ist von meiner lieben Freundin Iris

Zutaten für eine 26-cm-Backform

3	Eier
1 Pr.	Salz
180 g	Zucker
150 g	Butter
1 Pkg.	Vanillezucker
3 Pkg.	Topfen (Quark) 20 % Fett
3 EL	Grieß
1 EL	Speisestärke (Maizena)
1 TL	Backpulver
etwas	Rum
4–5	Äpfel (Boskop)
	Zucker, Zimt
etwas	Zitronensaft

Eier trennen, 3 Eiweiß, eine Prise Salz und ca. ⅓ des Zuckers zu steifem Schnee schlagen.

Die wachsweiche Butter, den restlichen Zucker und Vanillezucker hell aufschlagen und die Dotter einzeln einrühren.

Inzwischen eine Form (26 cm) ausbuttern und mit Nüssen ausstreuen.

Äpfel schälen, vierteln, Kerngehäuse entfernen und feine Blätter reiben. Diese mit Zitronensaft, 2 bis 3 EL Zucker und Zimt (evtl. Rosinen) gut vermischen.

Den Topfen mit der Ei-Butter-Mischung verrühren. Grieß, Stärke, Backpulver und einen Schluck Rum einrühren und den Schnee unterheben.

Die Hälfte des Teiges nun in die Form geben, Apfelmischung darauf- und abschließend den restlichen Teig darüberlegen.

Im vorgeheizten Backrohr bei 180 °C O + U 70 Minuten backen. Falls die Torte oben früher braun wird, einfach Alufolie darüber geben.

MEIN TIPP

Am besten gelingen Kuchen und Torten, wenn alle Zutaten Zimmertemperatur haben.

Bananentorte

Eine besondere Köstlichkeit

Zutaten für eine
26-cm-Backform

TEIG

2	Eier
2 EL	heißes Wasser
80 g	Zucker
1 Pkg.	Vanillezucker
60 g	Mehl
20 g	Kakao
1 TL	Backpulver (gestrichen)

BANANENSCHICHT

5	Bananen
1 Pkg.	klares Tortengelee
150 ml	Apfelsaft
100 ml	Weißwein
3 EL	Zucker

SAHNESCHICHT

400 ml	Sahne
2 EL	Zucker
3 BL	Gelatine

SCHOKOGLASUR

1 BL	Gelatine
125 ml	Sahne
100 g	Zartbitterkuvertüre

Für den Teig 2 Eier und 2 EL heißes Wasser, Zucker und Vanillezucker sehr schaumig aufschlagen. Mehl, Kakao und Backpulver in die Masse einsieben.

Alles nun in eine gebutterte und gemehlte Form füllen und im vorgeheizten Rohr bei 160 °C Ober- und Unterhitze ca. 20 Minuten backen und auskühlen lassen.

Für die Bananenschicht nun auf dem ausgekühlten Kuchen die längs halbierten Bananen auflegen. Eine Pkg. Tortengelee, Weißwein, Apfelsaft und Zucker aufkochen und eine Minute köcheln lassen, auf die Bananen aufbringen und wieder auskühlen lassen.

Für die Sahneschicht 3 Blatt Gelatine in kaltem Wasser einweichen. 400 ml Sahne zusammen mit dem Zucker steif schlagen.

Einen EL Sahne erwärmen und nun die ausgedrückte Gelatine zusammen mit dieser heißen Sahne auflösen (nicht kochen), mit der geschlagenen Sahne zuerst angleichen und dann zur restlichen Sahne geben. Die entstandene Sahnecreme auf die erkaltete Tortengelee-Schicht aufgießen und glattstreichen. Im Kühlschrank gut durchkühlen lassen.

Für die Schokoglasur ein Blatt Gelatine in kaltem Wasser einweichen, Sahne erhitzen und Schokolade darin schmelzen. Solange alles noch heiß ist, Gelatine ausdrücken und zur Masse geben.

Erst wenn die Sahneschicht ganz durchgekühlt ist, die etwas ausgekühlte Schokolade draufgießen und im Kühlschrank endgültig durchkühlen.

Jetzt YouTube-Video anschauen!

Zopfbrot

Der österreichische Klassiker
zum Frühstück oder zur Jause

Zutaten für 1 Zopf

250 ml lauwarme Milch
1 Pkg. Trockenhefe oder ½ Würfel frische Hefe
1 Pr. Zucker
500 g Mehl
75 g weiche Butter
75 g Zucker
1 Ei
1 EL Rum
1 EL Vanillezucker
½ Zitrone (abgeriebene Schale)
1 Pr. Salz

ZUM EINSTREICHEN
1 Dotter
etwas Milch

Hagelzucker zum Bestreuen

100 ml lauwarme Milch, Hefe und eine Prise Zucker verrühren und zugedeckt stehen lassen, bis Blasen entstehen.

Alle übrigen Zutaten nun mit dieser Hefe-Milch-Mischung in der Küchenmaschine so lange rühren, bis ein glatter Teig entstanden ist, der sich leicht von der Schüssel löst.

An einem warmen Ort zugedeckt stehen lassen, bis sich das Teigvolumen verdoppelt hat. Den Teig nun in drei Teile aufteilen und zu Strängen rollen.

Diese Stränge nun verzopfen, auf ein Blech legen, mit einer Dotter-Milch-Mischung (1 Dotter, ein wenig Milch) einstreichen, Hagelzucker aufstreuen und im vorgeheizten Backrohr bei 170 °C HL ca. 45 Minuten backen.

Mohn- oder Nussbeugerln

Passst perfekt zum Kaffee

Zutaten für 12 bis 14 Stück

TEIG

1 Pkg. Trockenhefe oder ½ Würfel Germ (Hefe)
60 ml Milch
250 g Mehl
125 g Butter
1 EL Staubzucker
1 Eidotter (Eigelb)
1 Pr. Salz
½ Zitrone (Abrieb)

1 Dotter, vermischt mit etwas Milch zum Bestreichen

MOHNFÜLLE

125 g geriebener Mohn
125 ml Milch
etwas Zitronenschale
20 g Butter
50 g Staubzucker (evtl. auch Rosinen)

NUSSFÜLLE

150 g geriebene Nüsse
60 ml Milch
50 g Staubzucker
etwas Zitronenschale

Für den Teig die Hefe mit Milch verrühren und zusammen mit allen anderen Zutaten (außer dem Ei-Milch-Gemisch zum Bestreichen) zu einem glatten Teig verkneten. Diesen bei Zimmertemperatur ca. ½ Stunde rasten lassen.

Für die Mohnfülle bzw. alternativ Nussfülle Mohn (Nüsse) und Milch aufkochen, die restlichen Zutaten einrühren und überkühlen lassen.

Vom gesamten Teig ca. 10 bis 12 Stücke abstechen und Kugeln schleifen. Jede Kugel auswalken, entweder mit Mohn oder Nuss füllen und zu einem Kipferl (Beugerl) formen.

Ei mit wenig Milch verrühren, die Kipferln damit bestreichen und so lange stehen lassen, bis das Ei eingetrocknet ist.

Zum Abschluss die Kipferln oder Beugerln im vorgeheizten Backrohr bei 200 °C O + U ca. 15 Minuten backen.

Nuss-Striezel mit Amaretto

Der Besondere

Zutaten für eine Kastenform mit 25 x 10 cm

Germteig:

300 g Weizenmehl
50 g Zucker
15 g frische Hefe oder 1 Pkg. Trockenhefe
100 ml lauwarme Milch
1 Ei
2 Dotter
1 Prise Salz
45 g weiche Butter

FÜLLE

2 Eiweiß
80 g Zucker
2 EL Mascarpone
1 EL Honig
300 g Walnüsse oder Haselnüsse, leicht geröstet und gemahlen
50 g Brösel
2 EL Amaretto und ein halbes Röhrchen Bittermandelaroma

ZUCKERGUSS

70 g Staubzucker
2–3 EL Amaretto

Für den Germteig Mehl in den Rührkessel der Küchenmaschine geben und mit dem Knethaken gemeinsam mit den restlichen Zutaten zu einem eher weicheren Germteig kneten. Die Schüssel mit einem Tuch abdecken und an einem warmen Plätzchen in der Küche gehen lassen, bis er doppelt so groß ist.

Für die Fülle das Eiweiß mit dem Zucker steif schlagen, die Mascarpone einrühren, bis keine Klümpchen mehr zu sehen sind. Die restlichen Zutaten dazurühren.

Den Germteig auf der bemehlten Arbeitsfläche rechteckig ca. 3 mm dick ausrollen, mit der Nussfülle bestreichen und von der längeren Seite her aufrollen. Die Rolle der Länge nach mit einem Messer ganz durchschneiden. Die zwei Stränge wie einen Zopf ineinanderflechten, sodass die Nussfülle oben ist.

Den Striezel entweder in eine große oder in zwei kleinere Kastenformen geben und nochmals ca. 30 Minuten gehen lassen. In der Zwischenzeit das Backrohr auf 170 °C O + U vorheizen. Den Striezel in der Mitte des Backofens ca. 45 Minuten backen.

Für den Zuckerguss Amaretto und Zucker miteinander verrühren. Den Striezel nach dem Backen damit bestreichen.

Jetzt YouTube-Video anschauen!

Brot

Walnuss-Karotten-Brot

Köstlich einfach

Zutaten für eine 30-cm-Kastenform

1 Pkg.	Trockenhefe oder ½ Würfel frische Hefe
500 ml	lauwarmes Wasser
250 g	geraspelte Karotten
100 g	Walnusskerne
300 g	Dinkelvollmehl
200 g	Weizenbrotmehl
250 g	Weizenmehl
20 g	Salz

Hefe in 100 ml lauwarmem Wasser quellen lassen, bis sie Blasen wirft.

Alle Zutaten und die restlichen 400 ml Wasser zu einem Teig verrühren und an einem warmen Ort eine Stunde gehen lassen.

Nun Teig nochmals durchkneten, in eine 35-cm-Backform füllen und wieder 15 bis 20 Minuten gehen lassen.

Im vorgeheizten Rohr bei 250 °C HL einschieben und sofort auf 180 °C zurückdrehen, anschließend 40 bis 50 Minuten backen.

Jetzt YouTube-Video anschauen!

Gesundes Eiweiß-Körnerbrot ohne Mehl

Schnell gemacht

Zutaten für eine 25-cm-Backform

150 g Haferflocken (oder 6-Korn-Flocken)
130 g Sonnenblumenkerne
100 g Leinsamen
60 g gehackte Haselnüsse
20 g Kürbiskerne
20 g Chiasamen
20 g Flohsamen
1–2 TL Salz
2 EL Agavendicksaft
3 EL Pflanzenöl (neutral)
350 ml warmes Wasser

Die Zutaten mindestens 2 Stunden in dem warmen Wasser einweichen.

Nach dem Durchmischen in die Backform einfüllen und niederdrücken. Immer mit feuchten Händen arbeiten, dann kleben die Körner weniger.

Im vorgeheizten Backrohr bei 180 °C O + U 30 Minuten und sofort anschließend bei 200 °C 40 Minuten fertig backen.

MEIN TIPP

Die einzelnen Körnerarten können beliebig gemischt werden, nur das Gesamtgewicht aller Körner sollte 500 g nicht übersteigen.

Jetzt YouTube-Video anschauen!

Knusprige Topfen-Kornstangerln

Kernig und gsund

Zutaten für 12 Stück

ANSTELLGUT

20 g	Sesam
20 g	Leinsamen
20 g	Sonnenblumenkerne
20 g	Mohn
80 ml	Wasser

TEIG

300 g	Weizenmehl
80 g	Roggenmehl
15 g	Salz
10 g	Backmalz
1 Pkg.	bzw. 15 g trockener Sauerteig
2 EL	Brotgewürz
80 g	Topfen (Quark)
½ Wf.	frische Hefe od. 2 Pkg. Trockenhefe
210 ml	Wasser
150 g	gehackte Walnüsse

ZUM BESTREUEN

1 EL	Sonnenblumenkerne
1 EL	Leinsamen
1 EL	Sesam

Die Zutaten fürs Anstellgut mit dem Wasser gut verrühren und für 2 bis 3 Stunden quellen lassen.

Alle Zutaten bis auf die Walnüsse in den Rührkessel der Küchenmaschine geben und 9 Minuten mit dem Knethaken durchkneten, der Teig sollte nicht zu fest sein und leicht vom Knethaken abreißen.

Die gehackten Walnüsse noch kurz dazurühren und anschließend den Teig zugedeckt in der Küche stehen lassen, bis er mindestens doppelt so groß ist.

Auf einer bemehlten Arbeitsfläche den Teig nochmal durchkneten und mit Hilfe einer Waage 100 g schwere Teiglinge abstechen. Diese zu Kugeln formen, zudecken und wieder 10 Minuten rasten lassen.

Nun die Kugeln mit einem Rollholz zu handtellergroßen Fladen ausrollen. Von oben her etwas einrollen und zugleich den Fladen unten etwas auf Zug halten und fertig aufrollen. Auf ein mit Backpapier ausgelegtes Backblech geben, mit Wasser bestreichen und mit vielen Körnern bestreuen. Nochmals zugedeckt rasten lassen.

Das Backrohr auf 185 °C HL vorheizen und die Stangerln mit viel Dampf (siehe Tipp) ca. 25 Minuten backen.

MEIN TIPP

In eine feuerfeste Schale etwas Wasser füllen und auf den Boden des Backrohrs stellen, so entsteht der nötige Dampf!

Jetzt YouTube-Video anschauen!

Einfaches Landbrot

Köstlich mit Kräutertopfenaufstrich

Zutaten für 1 Brotlaib

250 g	Roggenmehl
250 g	Weizenbrotmehl
10 g	Salz
1 Pkg.	Trockenhefe
1 Pkg.	Trockensauerteig
2 EL	Brotgewürz
~ 400 ml	lauwarmes Wasser

Alle trockenen Zutaten in die Rührschüssel der Küchenmaschine geben, den Knethaken einspannen und einmal gut durchrühren. Unter ständigem Rühren das lauwarme Wasser dazuleeren und mindestens 5 Minuten gut durchkneten.

Der Teig sollte mittelfest sein. Diesen zugedeckt bei Zimmertemperatur gehen lassen, bis er doppelt so groß ist.

Nun den Brotteig auf eine bemehlte Arbeitsfläche geben und nochmals mit den Händen kneten, dann einen Laib formen und auf ein Backblech mit Backpapier oder Silikonbackmatte legen. Weitere 20 Minuten zugedeckt stehen lassen. In der Zwischenzeit das Backrohr auf 180 °C O + U vorheizen.

Den Brotlaib mit Wasser bepinseln, mit Roggenmehl bestauben und nach Belieben etwas einschneiden. In die Mitte des Rohres schieben und am besten mit viel Dampf (siehe Tipp) 1 Stunde backen.

MEIN TIPP

Wer ein Backrohr mit Dampffunktion hat, sollte unbedingt immer diese Einstellung zum Brotbacken verwenden, so wird das Brot schön knusprig! Ansonsten eine feuerfeste Schale mit Wasser in das Backrohr stellen!

MEIN TIPP

Eine Handvoll Nüsse oder Kerne nach Belieben im Brotteig sind eine wunderbare Abwechslung!

Jetzt YouTube-Video anschauen!

St. Johanner Bierweckerl

Unwiderstehlich gut zur Jause

Zutaten für ca. 12 Weckerln

300 g	Weizenbrotmehl
100 g	Roggenmehl
50 g	Dinkelmehl
10 g	Salz
10 g	Kümmel
10 g	frische Hefe (Germ)
10 g	Backmalz
200 ml	Bier
125 ml	lauwarmes Wasser

Alle trockenen Zutaten in den Rührkessel der Küchenmaschine geben und gut mischen. Die Hefe hineinbröckeln und Bier und Wasser dazugeben. Das Ganze mindestens 5 Minuten gut kneten, bis ein schöner, glatter, nicht zu fester Teig entsteht.

Den Teig zugedeckt an einem warmen Ort so lange gehen lassen, bis er doppelt so groß ist. Nun diesen auf eine bemehlte Arbeitsfläche geben und mit den Händen nochmal kurz durchkneten.

Mithilfe einer Waage 70 g schwere Teigstücke abstechen und diese zu Spitzweckerln formen (die Enden sollten dünner sein und die Mitte etwas dicker).

Die Weckerln auf ein mit Backpapier ausgelegtes Backblech legen, mit Bier bestreichen, mit Roggenmehl bestauben und der Länge nach mittig mit einem scharfen Messer einschneiden.

Nochmals 10 bis 15 Minuten zugedeckt ruhen lassen. In der Zwischenzeit das Backrohr auf 220 °C Heißluft vorheizen.

Nach der Ruhezeit das Backblech in die Mitte des Rohres schieben und am besten mit viel Dampf (siehe Tipp) 20 bis 25 Minuten backen.

MEIN TIPP

In eine feuerfeste Schale etwas Wasser füllen und auf den Boden des Backrohrs stellen, so entsteht der nötige Dampf!

Jetzt YouTube-Video anschauen!

Laugengebäck

Passt perfekt zu Weißwürsten

Zutaten für 10 bis 12 Stück

1 Pkg.	Trockenhefe oder ½ Würfel frische Hefe
½ KL	Zucker oder Gerstenmalz
250 ml	lauwarmes Wasser
500 g	Mehl
1 EL	Salz
20 g	flüssige Butter
	Brezelsalz und Kümmel

LAUGE

30 g	Natriumhydroxid (Apotheke) in 1 l kaltem Wasser aufgelöst

In 100 ml warmem Wasser (nicht heiß) Hefe, Zucker oder Gerstenmalz auflösen und warten, bis sich Blasen bilden.

Mehl, Salz, Butter, Hefewasser und übriges Wasser zu einem glatten Teig verarbeiten.

Teig in 10 oder 12 Stücke schneiden und zu Kugeln schleifen. Auf einem Blech mit einem Tuch abdecken, an einem warmen Ort eine Stunde gehen lassen.

Die Kugeln ca. 2 Sekunden in die Lauge tauchen und wieder auf das Blech legen.

Mit einem scharfen Messer jede Kugel oben kreuzweise einritzen, mit Brezelsalz und Kümmel bestreuen.

Im vorgeheizten Backrohr bei 210 °C HL 15 Minuten backen.

Vorsicht mit der Lauge. Nicht in die Augen bringen. Mit Handschuhen arbeiten. Die Lauge in einer Flasche (Beschriftung GIFTIG) aufbewahren, kann immer wieder verwendet werden.

Die Lauge unbedingt außerhalb der Reichweite von Kindern aufbewahren.

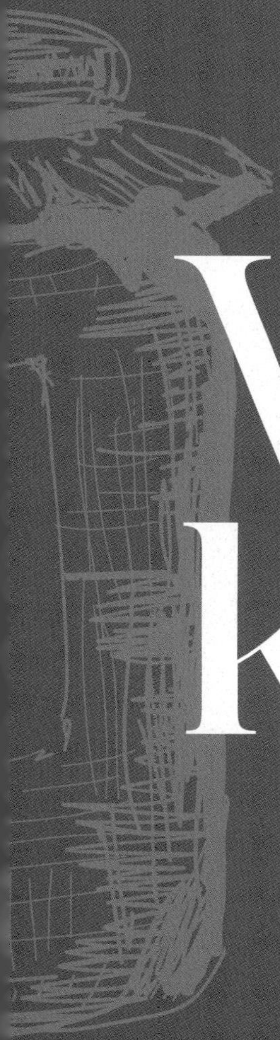

Vorrats-kammer

BBQ-Sauce „Für Grillmeister“

Unverzichtbar für jede Grillparty!

Zutaten für ca. 500 ml

200 g	Zucker
250 g	Ketchup oder passierte Tomaten
1 TL	Salz
1 TL	Dijonsenf
100 ml	Suppe
2 EL	Weißweinessig
2 EL	Worchestersauce
1 TL	Chilipulver
1 TL	Kreuzkümmel
½ TL	Piment (Neugewürz)
	Orangenzesten nach Geschmack
20 g	Ingwer
20 ml	Sesamöl

Alle Zutaten in einen Topf geben, gut durchrühren und auf kleiner Flamme ca. 30 Minuten leicht köcheln lassen. Die fertige Sauce noch heiß in gut verschließbare Gläser abfüllen!

Jetzt YouTube-Video anschauen!

HEIMATKÜCHE

Paprika-Chutney

Passt zu vielen Gerichten

Zutaten

1–1,2 kg	rote Paprika (klein geschnitten)
2 Tas.	Zitronensaft
2 Tas.	Apfelessig
2 TL	Cayennepfeffer
1 EL	Salz
1 kg	Gelierzucker

Die Paprika mit dem Zitronensaft und dem Apfelessig weichkochen und pürieren. Anschließend Cayennepfeffer, Salz und Gelierzucker beimengen.

Nun alles zusammen noch einmal aufkochen wie Marmelade und in Gläser füllen.

Jetzt YouTube-Video anschauen!

Mango-Chutney

Alles andere als langweilig

Zutaten für 2 Gläser
à 200 ml

1	kleine Zwiebel
½	rote Paprika
etwas	Butter
2	Mangos
1 EL	brauner Zucker
2 EL	Apfelessig
	Salz
	Pfeffer aus der Mühle
	Chili, scharf
1 TL	Curry
20 g	Ingwer
1 TL	Stärkemehl

Zwiebel und Paprika in kleine Würfel schneiden, in Butter leicht glasig anbraten, Zucker kurz mitkaramellisieren.

Die Mangos in größere Stücke schneiden, dazugeben und mit den restlichen Zutaten (außer der Stärke) ca. 5 Minuten köcheln lassen.

Stärkemehl mit etwas Wasser glattrühren und das Chutney damit leicht abbinden. Noch heiß in gut verschließbare Gläser füllen!

MEIN TIPP

Mango-Chutney schmeckt super zu Scampi, Fisch und Huhn!

Süß-saure Sauce

Zum Verfeinern vieler Asia-Gerichte

Zutaten für ca. 500 ml

40 g	Ingwer
1	Chili, frisch oder getrocknet
5	Knoblauchzehen
100 ml	Reisessig oder Balsamicoessig
200 g	Zucker
1 TL	Salz (gestrichen)
1 EL	Stärkemehl
300 ml	Wasser
1 EL	Ketchup

Ingwer und Knoblauch in kleine, gleich große Würfelchen schneiden, die Chili entkernen und ebenfalls klein schneiden.

Nun alle Zutaten bis auf die Stärke in einen Topf geben, gut durchrühren und ca. 5 Minuten köcheln lassen. Das Stärkemehl mit 1 EL kaltem Wasser verrühren und die Sauce damit leicht abbinden.

Noch heiß in ein Marmeladeglas oder eine Flasche füllen, gut verschließen und kühl aufbewahren.

MEIN TIPP

Diese herrlich süß-saure, leicht scharfe Sauce passt sehr gut zu Hühnchen, Garnelen und Frühlingsrollen!

Jetzt YouTube-Video anschauen!

MEIN
LIEBLINGS
DRESSING

Mein liebstes Salatdressing

So praktisch im Alltag

Zutaten für ca. 600 ml

1 Zwiebel
2 Knoblauchzehen
100 ml Öl
100 g Zucker
15 g Salz
Pfeffer
Gemüsesuppenwürfel
2 EL Senf
100 ml Apfelessig
100 ml weißer Balsamicoessig
100 ml Wasser
100 g Sauerrahm
100 ml Öl

Die Zwiebel und den Knoblauch klein-würfelig schneiden und in 100 ml Öl ca. 15 Minuten schmoren lassen, ohne dass sie Farbe annehmen.

Nun alle Zutaten in ein hohes Gefäß geben (oder einen Standmixer) und mit dem Pürierstab ca. 3 Minuten pürieren.

Das fertige Dressing in Gläser oder Flaschen abfüllen und gut verschließen. Im Kühlschrank ca. 2 Wochen haltbar.

MEIN TIPP

Passt auf jede Art von Blattsalat!

Crunchy Müsli

Wir genießen es mit frischen Früchten und Joghurt

Zutaten

50 g flüssige Butter
1 EL Honig
125 g Haferflocken (oder 5-Korn-Flocken)
½ EL Sonnenblumenkerne
½ EL Leinsamen
40 g Cashewkerne
20 g Walnüsse
1 EL Pinienkerne
20 g geschälte Mandeln (oder Pekannüsse)
40 g brauner Zucker

Honig in flüssiger Butter auflösen. Alle Zutaten mit der flüssigen Butter-Honig-Mischung gut vermengen.

Auf ein Backblech Backpapier auflegen, die Masse darauf gleichmäßig verteilen und im vorgeheizten Rohr bei 180 °C HL ca. 12 Minuten backen.

Abkühlen lassen, brechen und in Dosen füllen.

Jetzt YouTube-Video anschauen!

Holunder-blüten-Sekt

So hat ihn meine Oma schon gemacht!

Zutaten für 7 Liter

20	schöne, blühende Holunderblüten
7 l	Wasser
1½	Zitronen
750 g	Zucker
¼ l	Weißweinessig

Die Holunderblüten etwas abklopfen und die grünen Blätter entfernen. Anschließend alle Zutaten in ein großes sauberes Gefäß geben und 24 Stunden unter oftmaligem Umrühren an einem kühlen Plätzchen ziehen lassen.

Nach dieser Zeit den Hollersekt durch ein feines Tuch in gut gereinigte Flaschen nicht ganz voll einfüllen und diese nur leicht verschließen. Die Flaschen am besten im kühlen Keller lagern, bis der Sekt nach ca. 2 Wochen trinkreif ist!

MEIN TIPP

Die Flaschen mit Alkohol bzw. Weingeist gut reinigen! Soll der Sekt noch mehr perlen, so gibt man beim Abfüllen ein paar Reiskörner oder Rosinen in die Flaschen!

Jetzt YouTube-Video anschauen!

Basics

Mürbteig

Zutaten

Der vielseitige Klassiker

300 g	Mehl
200 g	Butter
100 g	Staubzucker
1 TL	Vanillepaste
	Zesten von ¼ Zitrone
1	Dotter
1 Pr.	Salz

Das Mehl auf die Arbeitsfläche geben und mit der klein geschnittenen Butter abbröseln (Mehl und Butter zwischen den Handflächen verreiben).

Die restlichen Zutaten dazugeben und schnell zu einem glatten Teig verkneten.

Den Mürbteig in Frischhaltefolie einwickeln und mindestens eine Stunde kühlen.

MEIN TIPP

Es ist wichtig, dass die Butter kalt ist und der Teig nicht zu lange geknetet wird, da er sonst beim Ausrollen bricht.

Kartoffelteig

Zutaten

Für süße oder pikante Gerichte

500 g	mehlige, gekochte Kartoffeln
200 g	griffiges Mehl
3	Dotter
2 TL	Salz
1 EL	Stärkemehl
1–2 Msp.	Muskatnuss

Die Kartoffeln schälen, evtl. halbieren und mit Salz weichkochen. Anschließend durch die Kartoffelpresse in eine Schüssel drücken. Die restlichen Zutaten dazugeben und zuerst mit einer Gabel gut verrühren.

Die Masse auf die Arbeitsfläche herausgeben und kurz zu einem glatten Teig kneten. Der Teig sollte immer schnell verarbeitet werden.

Nudelteig

Zutaten für 4 Personen

200 g	Weizenmehl oder Dinkelmehl
200 g	feinster Nudelgrieß
1 Prise	Salz
4	Eier
etwas	Olivenöl

Alle Zutaten zu einem glatten Teig verkneten und vor Gebrauch mindestens 30 Minuten ruhen lassen.

Anschließend mit einer Nudelmaschine in die gewünschte Nudelform bringen.

Strudelteig

Zutaten für 2 Strudel

Der „Ausgezogene"

250 g	Mehl
20 g	Öl
1 Pr.	Salz
125 ml	Wasser
1	Ei

Das Mehl in eine Schüssel geben und mit den restlichen Zutaten zusammenrühren.

Auf die Arbeitsfläche geben und kräftig mit den Handballen ca. 5 Minuten zu einem schönen, glatten Teig kneten.

Den Teig zu einer Kugel formen, mit etwas Öl leicht bestreichen und zugedeckt eine halbe Stunde bei Zimmertemperatur rasten lassen.

MEIN TIPP

Der gezogene Strudelteig eignet sich auch hervorragend für pikante Strudel!

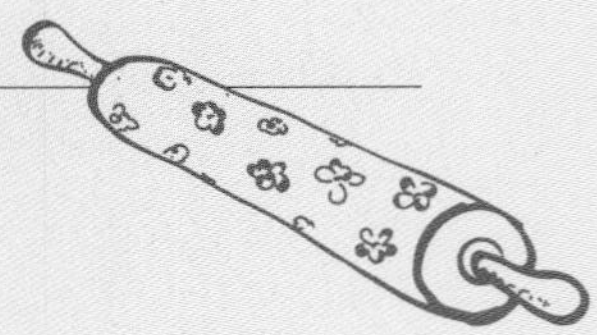

Biskuitboden für Torten und Schnitten

Herrlich luftig und locker

Zutaten für eine 26-cm-Backform

5 Eier
150 g Zucker
1 TL Vanillearoma
½ Zitrone (Zesten)
1 Prise Salz
130 g Mehl
30 g Stärkemehl oder Vanillepuddingpulver
1 TL Backpulver (gestrichen)
70 g flüssige Butter

Die Eier, Zucker, Vanillearoma, Zitronenzesten und Salz am besten in der Küchenmaschine so lange auf höchster Stufe schlagen, bis die Masse nicht mehr an Volumen gewinnt. Mehl, Backpulver und Stärkemehl vermischen und mit dem Kochlöffel in die Eiermasse mischen.

Zum Schluss die flüssige Butter ebenfalls mit dem Kochlöffel einrühren.

Die Masse in eine mit Backpapier ausgelegte Form geben und bei 190 °C O + U ca. 35 Minuten backen. Bei einem Backblech reduziert sich die Backzeit auf 18 Minuten.

Spätzle

Passen zu vielen Gerichten

Zutaten für 4–6 Personen

400 g griffiges Mehl
4 Eier
~ 150 ml Milch
~ 1 TL Salz
Pfeffer, Muskatnuss
1 EL Salz für das Kochwasser

Aus allen Zutaten einen glatten Teig rühren, egal ob mit dem Kochlöffel oder der Küchenmaschine.

In einem großen, hohen Topf Wasser zum Kochen bringen und gut salzen. Nun den Teig durch ein Spätzlesieb portionsweise ins Wasser reiben.

Wenn die Spätzle an die Oberfläche steigen, sind sie fertig gekocht. Dann in ein Sieb abgießen und mit kaltem Wasser gut abschrecken.

MEIN TIPP: Eine herrliche Beilage für Saucengerichte!

Basilikumpesto

Nicht nur zu Spaghetti hervorragend!

Zutaten

80 g Basilikumblätter
1 Knoblauchzehe
½ TL Salz
150 g natives Olivenöl
30 g Pinienkerne
80 g Parmesan, gerieben

Basilikum, Knoblauch und Salz zusammen mit dem Olivenöl pürieren. Nun leicht angeröstete Pinienkerne und Parmesan untermischen.

Anschließend gleich in saubere Gläser abfüllen.

Kräuterbutter

Zutaten

Das gewisse Extra

¼ kg	Butter
	Kräuter nach Belieben (je mehr, desto besser, z. B. Schnittlauch, Petersilie, Thymian, Rosmarin, Oregano)
	Salz
	Pfeffer
etwas	Worcestersauce
	Knoblauch (nach Belieben)

Kräuter klein schneiden, mit einer Gabel die wachsweiche Butter und alle weiteren Zutaten vermischen.

Lässt sich gut im Kühlschrank aufbewahren oder einfrieren.

Rahmsauce

Zutaten für 6 Personen

Für alle Saucen-Tiger

3	Schalotten oder 2 kleine Zwiebeln
1 EL	Butter
200 ml	Weißwein
200 ml	Sahne
500 ml	klare Gemüsesuppe, Rindssuppe oder Hühnersuppe
	Salz, Pfeffer
2	Lorbeerblätter
evtl.	Gemüsewürze
1 TL	Stärkemehl zum Abbinden

Die Schalotten oder Zwiebeln klein schneiden und in Butter glasig anbraten. Mit Weißwein ablöschen und etwas einreduzieren lassen. Nun mit Suppe und Sahne aufgießen, würzen und ca. 15 Minuten leicht köcheln lassen. Stärkemehl in etwas kaltem Wasser glattrühren und die Sauce damit abbinden.

MEIN TIPP

Die Basissauce lässt sich leicht im Geschmack abwandeln, z. B. mit Paprika, Curry, Trüffelöl, Kräutern usw.

Selbstgemachte Suppenwürze
auf Gemüsebasis

Zutaten

5 Stück	Karotten
1 Knolle	Sellerie
2 Stück	Petersilienwurzeln
3 cm	Ingwer
3	Knoblauchzehen
1	rote Spitzpaprika
1 Stg.	Lauch
1	Chili
1	Zitrone (Zesten)
1 Bund	Basilikum
1 Bund	Petersilie
1 Bund	Liebstöckel
1 EL	Salz

Karotten, Sellerie und die Petersilienwurzeln schälen und kleinraspeln. Ingwer, Knoblauch, Paprika, Lauch und den Chili klein schneiden.

Das vorbereitete Gemüse, die Zitronenzesten und die Kräuter auf 2 Backbleche aufteilen und im ca. 60 °C heißen Backrohr bei leicht geöffneter Tür so lange trocknen, bis keine Feuchtigkeit mehr im Gemüse ist.

Das getrocknete Gemüse und die Kräuter nach Belieben im Zerkleinerer grob oder fein mahlen. Salz einrühren und in kleine Gläser oder eine Mühle abfüllen.

Sauerkraut

Zutaten für 4–6 Personen

Mild und fein

2 Pkg. Sauerkraut à 300 g
200 ml Apfelsaft
200 ml Wasser
Salz, Pfeffer
4 Lorbeerblätter
1 TL Kümmel, ganz
1 TL Kümmel, gemahlen
1 TL Suppenwürze

ZUM ABBINDEN

1 EL Butter
1–2 klein geschnittene Knoblauchzehen
1 EL Mehl

Das Sauerkraut in ein Sieb geben, einmal abspülen und mit den restlichen Zutaten in einem Topf ca. 40 Minuten kochen.

Zum Abbinden in einer Pfanne die Butter schmelzen, den Knoblauch darin leicht anbraten und das Mehl dazurühren.

Diese Mischung in das Sauerkraut einrühren, dann wird es leicht cremig.

10 Minuten vor Kochende noch einen würfelig geschnittenen Apfel in das Sauerkraut geben für den besonderen Kick!

Blaukraut und Apfelwürfel

Zutaten für 4–6 Personen

Köstlich zu Wildgerichten

1 kg Blaukraut
¼ l Rotwein
¼ l Orangensaft
3 EL Preiselbeermarmelade
1 TL Zimt oder 1 Zimtrinde
1 Prise Nelkenpulver oder 2 ganze Nelken
1 Sternanis
1 TL Kümmel ganz
1 TL Kümmel gemahlen
Chili
Salz nach Bedarf

~ 1 EL Staubzucker
1–2 Äpfel, kleinwürfelig geschnitten
1 EL Butter

Den Blaukrautkopf vierteln und den Strunk entfernen.

Die Stücke in feine Streifen schneiden und in eine große Schüssel geben, alle Zutaten außer der Butter, den Äpfeln und dem Staubzucker dazugeben und gut durchmischen. Am besten zugedeckt über Nacht marinieren.

Am nächsten Tag in einem großen Topf den Staubzucker leicht karamellisieren und das marinierte Blaukraut dazugeben. Gut durchrühren, zugedeckt eine halbe Stunde leicht köcheln lassen. Wieder gut umrühren, evtl. etwas Wasser dazugeben und weitere 30 Minuten köcheln lassen. Die Apfelwürfel einrühren und weitere 10 Minuten köcheln lassen.

Die Butter einrühren, das gibt Glanz und das Kraut wird leicht sämig.

Register

Küchenschelle

Schlusswort und Dank

An diesem Buch gemeinsam zu arbeiten, war uns eine große Freude.
Dabei hatten wir zahlreiche Helfer, die uns beim Gelingen
unermüdlich geholfen haben.

Vielen Dank an unsere Ehemänner, Günther und Fritz, für euren Einsatz
beim Organisieren, Fotografieren und natürlich Testessen.

Danke auch an Herrn Christian Wurzer und den Tyrolia-Verlag
für all die Assistenz und Unterstützung.

Und vor allem Danke an euch! Danke fürs Zuschauen, Lesen und Ausprobieren.
Wir hoffen, unser Buch findet in eurer Küche einen festen Platz.

Viel Spaß beim Nachkochen wünschen

Anni & Anita

Wir danken unseren Sponsoren

DEKO THEK

Kitz Gourmet

Tirol Milch – EHRLICH GUAT!

RUZICSKA

grill-abc – modern & kreativ

Torten Dekoration MAISTER KG – www.tortendekoration.at

LASER RAUM

join UP werbetextilien – www.stickunddruck.at

IMPRESSUM

Nachhaltige Produktion ist uns ein Anliegen; wir möchten die Belastung unserer Mitwelt so gering wie möglich halten. Über unsere Druckereien garantieren wir ein hohes Maß an Umweltverträglichkeit: Wir lassen ausschließlich auf FSC®-Papieren aus verantwortungsvollen Quellen drucken, verwenden Farben auf Pflanzenölbasis und Klebestoffe ohne Lösungsmittel. Wir produzieren in Österreich und im nahen europäischen Ausland, auf Produktionen in Fernost verzichten wir ganz.

MIX
Papier aus verantwortungsvollen Quellen
FSC® C106954
FSC
www.fsc.org

2., aktualisierte Auflage 2023

Alle Fotos von den Autorinnen mit Ausnahme von S. 4/5, 8/9, 82/83, 162/163 und 234/235 (Adobe Stock und Depositphoto)
Druck und Bindung: Florjančič, Maribor
ISBN: 978-3-7022-4110-0
E-Mail: buchverlag@tyrolia.at
Internet: www.tyrolia-verlag.at